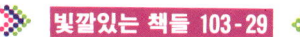

만다라

글/홍윤식 ● 사진/홍윤식, 윤열수

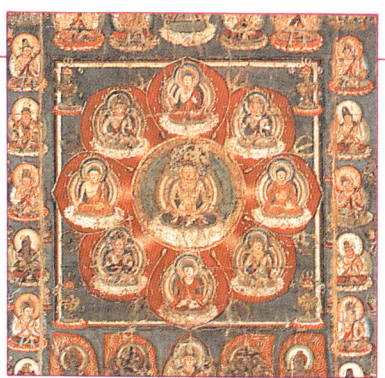

대원사

홍윤식 ─────────

일본 교토(京都) 불교대학 대학
원, 동대학에서 문학박사 학위를
받았다. 원광대학교 국사교육과
교수, 동국대학교 박물관 관장을
역임하였으며 현재 문체부문화
재위원, 동국대학교 역사교육과
교수로 있다. 저서로는 「한국불
교의례의 연구」(일문) 「고려불화
의 연구」 「한국의 불교미술」 「불
화」 「영산재」 등 다수가 있다.

윤열수 ─────────

동국대학교 사학과 대학원을 졸
업하였다. 동대학 미술과 강사,
동방불교대학 강사, 삼성출판박
물관 학예연구원을 거쳐 현재
가천박물관 학예연구실장으로
있다. 저서로 「한국의 호랑이」
「통도사의 불화」 「괘불」이 있다.

만다라

만다라

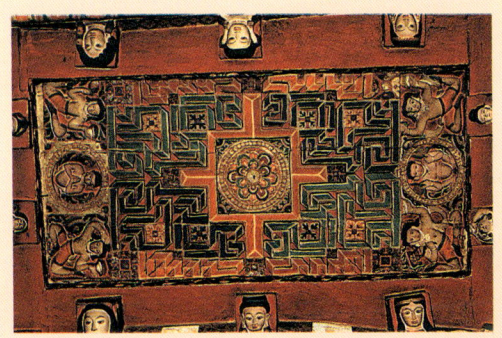

만다라의 뜻

성역 공간(聖域空間)으로서의 만다라

만다라는 밀교(密教)가 창출(創出)해 낸 성역 공간이다. 이 성역 공간은 석가만이 들어갈 수 있는 특정의 좁은 장소가 아니라 모든 중생들이 득오(得悟)의 경지에 들 수 있는 보리심을 갖고 있어 이들 중생의 성불(成佛) 가능성을 최대한으로 수용한 성적(聖的)인 세계이다.

대승 불교는 모든 중생이 구제의 가능성(佛性)을 지니고 있음을 강조한다. 따라서 이와 같은 확신은 모든 중생이 구제되기 전에는 결코 성불하지 않겠다는 대승 불교에 있어 보살도의 실천을 도출해 내게 된다. 곧 대승 불교에 있어 자비행(慈悲行)의 실천이 곧 보리(菩提)를 이루게 한다는 것이 그와 같은 것이다. 이와 같은 대승 불교의 전개는 상의 상자(相依相資)의 상호 관계성을 중요시하게 되었고 이들 상호 관계성을 더욱 확대시켜 나간 것이 밀교이다.

밀교는 재래의 힌두교적 요소를 불교가 수용하며 이를 불교화한 것을 말한다. 따라서 밀교에 있어 상호 관계성은 기존 대승 불교에

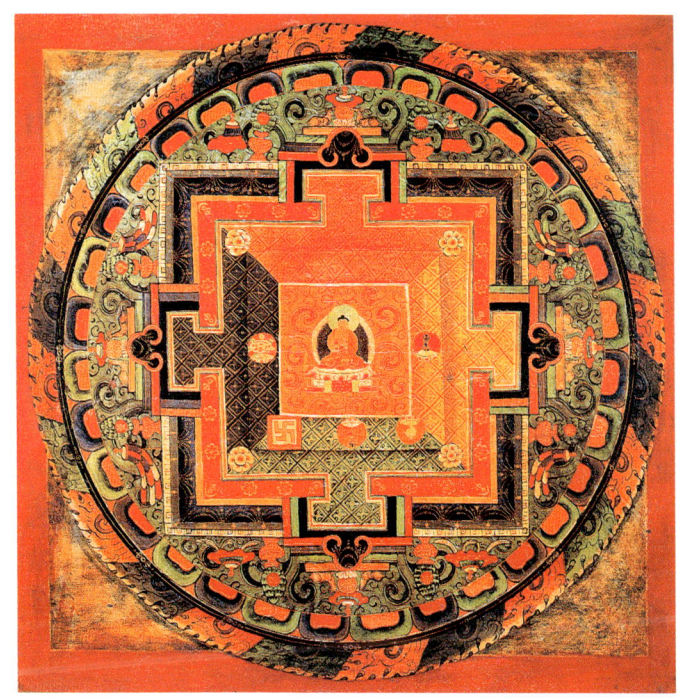

광명무구(光明無垢) 6존 만다라 중존(中尊)이 석가모니불인 금강계 만다라이다.

있어 불, 보살들의 상호 관계성뿐만 아니라 재래 힌두교적 신(神)
들과의 상호 관계성까지를 포함하여 이들을 모두 성역 공간에 들게
한다는 특징을 지닌다. 곧 만다라란 밀교가 보다 많은 재래(在來)
의 속신(俗信)을 불교에 수용하면서 이루어진 이들의 상호 관계성을
통일적으로 체계화하여 성역 공간에 들게 한 데서 형성된 것이라
할 수 있다.

　만다라란 용어는 범어 mandala를 가리키는 것으로 이 용어는 「마
하바라타(Mahābharata)」 등의 인도 문헌에 의하면 서책의 장(章),

국토(國土)의 구획 등의 의미로 쓰여지기도 하였으나 불교에서는 주로 밀교적 용어로 사용되었다.

밀교의 교학에서는 만다라란 말을 두 부분으로 나누어 설명하는 경우가 많다. 곧 manda는 중심(中心) 또는 본질(本質)이나 심수(心髓)라는 의미를 갖고, la는 소유(所有)를 의미하는 접미사라 하며 결국 mandala란 중심 또는 본질을 얻는다는 합성어이며 이를 다시 말하면 본질 그 자체 또는 심수를 원만히 하는 것이란 말이 된다. 한편 더 나아가 일체 제법(諸法)을 구족(具足)하고 있다고 하는 득오의 경지를 표현한 하나의 세계를 눈앞에 제시한 것이 되고 이를 현대어로 표현하면 성역 공간이 된다.

어떻든 이같은 성역 공간으로서의 만다라에 있어서는 말단에 이르기까지 어떤 하잘것없는 존재일지라도 모두가 진실이란 특징을 지닌다. 그리하여 이를 한역(漢譯)하면 구역(舊譯)에서는 단순히 단(壇)이라 하여 불단(佛壇)을 의미하기도 하지만 신역(新譯)에서는 윤원 구족(輪円具足)이라 하여 원륜과 같이 모든 것을 구족하고 있다는 의미를 나타내고 있다.

이상에서 말한 본질이란 경전의 주석에 의하면 무상정등각(無上正等覺)의 본질로서 이같은 득오의 경지는 더할 나위 없이 뛰어나고 평등(平等) 원만(円滿)한 것이라 하나 그같은 경지를 어떻게 감득(感得)하고 구상화(具象化)하느냐 하는 표현상의 가능성이 문제가 되어 형성된 것이 만다라라 할 수 있다. 그리하여 만다라가 지니는 의미는 원리적, 정신적 의미와 공간적, 회화적 의미 등 다양한 것이나 일반적으로 공간적, 회화적 의미로 이해되고 있음은 만다라의 연원이 구상화와 표현상의 문제 해결에서 비롯되었기 때문에 자연 회화적 표현의 만다라에 관심을 기울이게 된다.

밀교와 만다라

밀교란 불교의 비교(祕敎)를 가리키는 말로서 비밀 불교(祕密佛敎)라고도 한다. 이에 해당하는 인도의 고대어는 범어의 guhya-yāna 곧 비밀승(祕密乘)이나 다른 한편 Vajra mahā-yāna인 금강 대승(金剛大乘)이라고도 하였고 나아가 mantra-yāna인 진언승(眞言乘)이란 명칭이 쓰이기도 하였다. 이와 같이 밀교에 대한 인도의 고대어가 다양하게 전해지고 있음은 그만큼 불교에 있어 밀교적 전개 과정이 복잡 다단한 것이었음을 전해 준다. 밀교의 전개 과정이 이렇게 복잡하였다는 것은 밀교의 성립이 다신교적, 힌두교적 요소를 불교가 수용하여 이를 체계화하려 한 데서 연유한다.

어떻든 불교는 초창기에는 재래 신앙적 요소를 외도(外道)라 하여 이를 용인하지 않았으나 차츰 수행에 필요한 것으로 불교가 수용되기 시작하였다. 마침내 7세기에 이르면 재래 신앙을 수용하여 「대일경(大日經)」 「금강정경(金剛頂經)」을 소의 경전으로 하는 밀교의 체계가 완성을 보기에 이른다. 이렇게 성립된 밀교는 고도로 발달한 상징주의 철학이요 다른 한편 신비주의의 극치를 이루는 두 가지 특징을 지닌다. 그러니 밀교에 대한 우리들의 관심은 여기에 머물지 않고 극도로 발달한 상징주의 체계의 신비주의적 밀교의 기반이 되어진 전(前) 단계의 밀교를 이해하지 않으면 안 된다. 이를 화엄 밀교라 하여도 무방할 것이다. 다른 한편 밀교의 본질적 이해를 위해서는 불교를 떠나서 존재하고 있는 주술적 재래 신앙의 기반도 아울러 이해해 나가지 않으면 보다 넓은 의미의 밀교적 세계에 접근할 수 없게 된다는 사실을 명심할 필요가 있다. 왜냐하면 7세기에 성립된 고도의 상징주의 철학으로서의 밀교는 이상의 전 단계의 중층 구조(重層構造)를 바탕으로 하고 있기 때문이다.

이상과 같이 중층 구조를 지니고 성립된 밀교의 기본적인 특색은

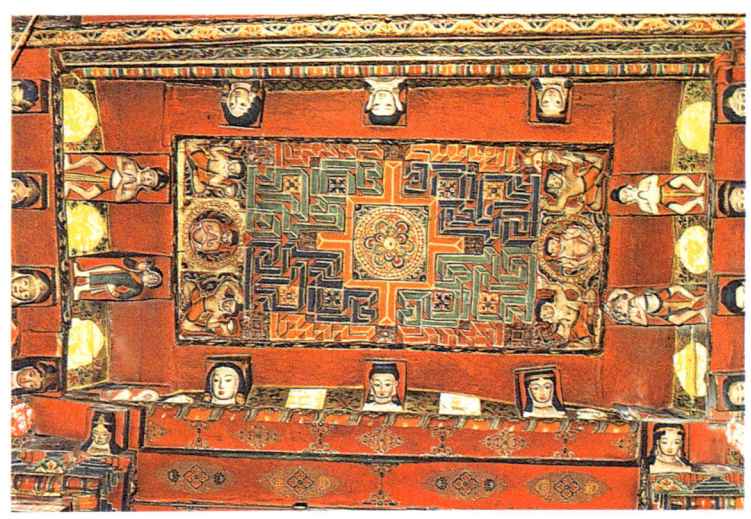

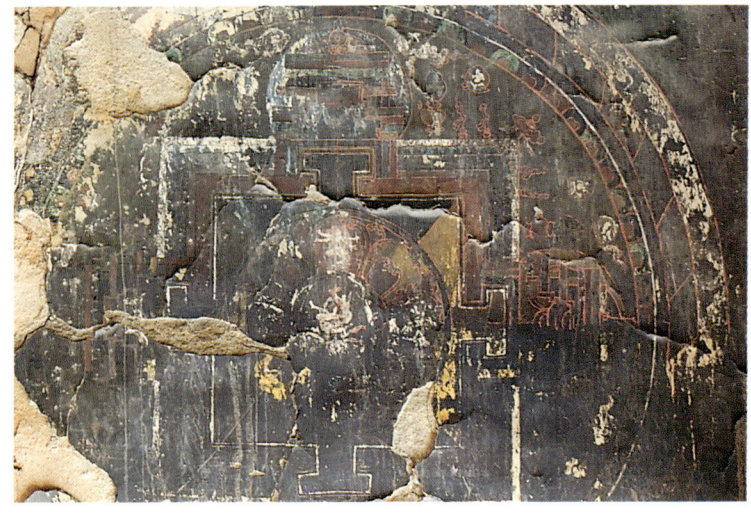

티베트 드레펑(Drepung) 사원의 천장(맨 위)과 벽(위) 13세기의 건물로 천장과
불단 우측 벽에 만다라의 흔적이 남아 있다.

신비주의적 요소가 농후하다는 것이다. 신비주의란 말은 이해하기 어려운 용어이다. 한마디로 말하면 우리들 각자의 내면(內面) 또는 전신(全身)에 신(神), 불(佛), 우주(宇宙)라고 하는 초월적 존재를 직접 파악하여 일체화(一體化)하려는 생각이라 할 수 있다. 곧 밀교 의례에 있어 성적(聖的)인 것과 속적(俗的)인 것의 일치를 실현하려는 것이 그와 같은 것이다. 그리하여 밀교에서는 신비 체험을 얻기 위하여 선(禪)과 같이 마음의 실효성을 제로로 하여 그 구극(究極)에 가서는 실재(實在)를 감득하려는 것이 아니라 만다라나 진언 또는 인상(印相)과 같이 시각이나 청각 등 인간의 감각 기관을 충분히 활용하여 그 긴장도를 높여 가려는 것이다. 따라서 밀교는 선(禪)과 같이 현상계에 대한 부정적인 입장을 취하는 것이 아니라 현상에 대한 철저한 긍정주의를 취하고 있다는 데 또 다른 특징을 살필 수 있다. 왜냐하면 만다라는 밀교의 긍정주의를 바탕으로 본질의 경지를 구상화해 나간 것이라 할 수 있기 때문이다.

만다라의 특징

만다라를 이해하기 위해서는 만다라가 지니고 있는 다음과 같은 몇 가지 특징을 충분히 알고 있어야 한다. 왜냐하면 이들 특징은 협의의 만다라인 불화적 만다라에서 뿐 아니라 신체나 정신적 만다라에 있어서도 현저히 나타나고 있기 때문이다.

제일 먼저 우리들의 관심을 끄는 만다라의 특징은 공간 영역 장소라고 하는 개념이다. 곧 만다라란 점(點)이나 점을 연결하는 선(線)과 같은 것이 아니고 넓이를 갖는 공간이란 것이다. 그리하여 그 공간의 안과 밖은 성(聖)과 속(俗)이라고 하는 다른 차원의 관계가 언제나 주목된다. 이는 마치 우리의 재래적인 속신에서 금줄을

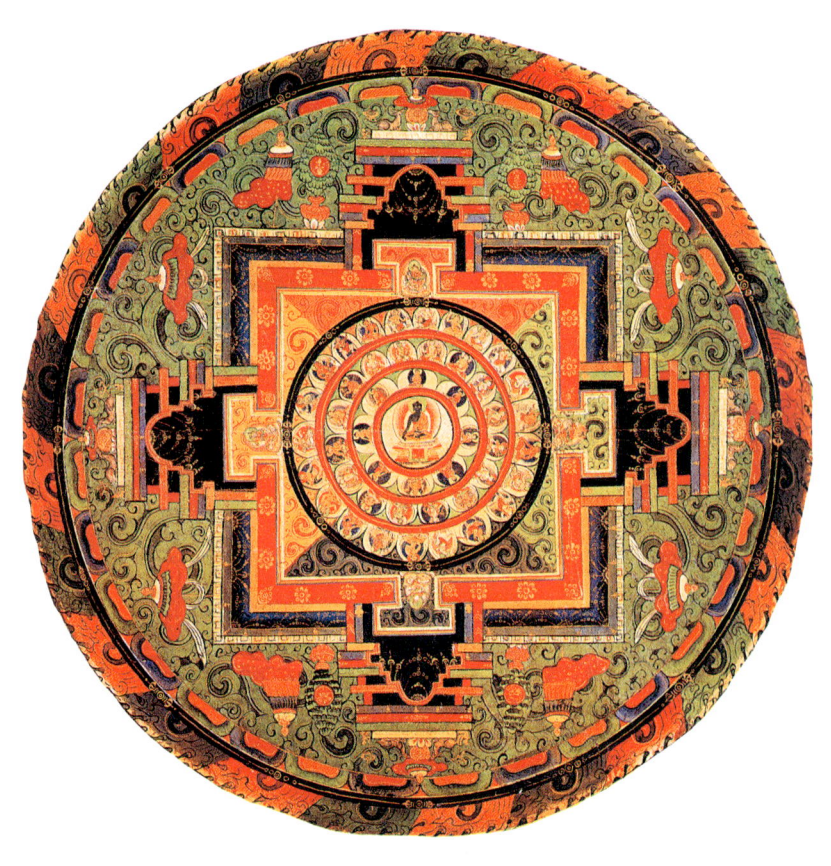

약사(藥師) 51존 만다라 중존이 약사여래이며 만다라의 구조가 3륜(三輪:내륜, 제2
륜, 외륜)으로 되어 있다.

치거나 황토를 둘러서 인위적으로 성계(聖界)를 설정하는 행위와 같은 맥락에서 이해되는 것이다.

두번째 특징은 복수성(複數性)이다. 그것은 아무리 법신(法身) 대일여래(大日如來)가 위대한 존재라 할지라도 그 독존만을 묘사하고 있으면 만다라라 할 수 없기 때문이다. 예컨대 「대일경」을 만다라화한 태장계 만다라에서는 중앙에 본존의 대일여래가 위치하고 그 주위를 수많은 불, 보살상들과 신중들이 둘러싸고 그 나름대로의 기능을 다하고 있음이 그와 같은 것이다. 따라서 독존만을 묘사한 것은 또 그 나름대로 가치가 있는 것이라 하겠으나 이는 단순한 불화일 수는 있어도 만다라라고는 할 수 없다. 왜냐하면 그것은 만다라의 사상을 설명할 수 있는 원리가 될 수 없기 때문이다.

세번째 특징은 중심 또는 초점을 지니고 있는 것이라 할 수 있다. 왜냐하면 만다라는 반드시 중앙에 본존에 해당하는 중심적인 존상이 위치하고 있어 성적(聖的)인 세계를 대표하고 있기 때문이다. 그런데 만다라가 이와 같이 중심을 지닌다는 조건은 가시적, 회화적 만다라에 한한 것이 아니라 우리들의 마음이나 신체를 만다라적 소우주로서 생각할 경우도 같은 것이라 할 수 있다.

네번째 특징은 조화성이나. 앞에서 말한 대로 만다라는 복수성을 지니는 집합체라는 특질을 지니나 이들 집합체는 아무렇게나 무질서하게 집합되어 있는 것이 아니라 본존을 중심으로 각종 존상들이 질서 정연하게 배열되어 있음에서 쉽게 이해된다. 곧 만다라란 여러 존상들을 조화롭게 배열한다는 의미를 지니고 있다는 것이다.

만다라의 종류

넓은 의미의 분류

다양한 가능성을 비장(祕藏)하여 다양한 표현법을 쓰고 있는 만다라는 몇 가지 분류법에 의하여 그 종류를 분류할 수 있다.

우선 만다라는 크게 자성(自性) 만다라, 관상(觀相) 만다라, 형상(形像) 만다라로 나누어진다. 이를 다시 외적(外的), 가시적(可視的) 만다라인 형상 만다라와 내적(內的), 불가시적(不可視的) 만다라인 자성, 관상 만다라로 분류할 수 있다. 그 가운데 외적 만다라는 첫째 존상(尊像) 만다라로서의 대(大)만다라, 둘째 상징(象徵) 만다라로서의 삼매야(三昧耶) 만다라, 셋째 문자(文字) 만다라로서의 법(法)만다라, 넷째 입체 만다라로서의 갈마(羯磨) 만다라로 분류된다. 내적 만다라는 정신적 만다라와 신체적 만다라로 분류된다.

이상을 요약하면 보다 넓은 의미의 만다라란 우리들의 외부에 있어 시각적으로 취급할 수 있는 전통적인 4종의 만다라와 가시적인 것은 아니나 오히려 우리들의 존재 양상과 밀접한 관계를 갖고 있는 내적 만다라로 분류할 수 있다는 것이다.

여기서 말한 외적 만다라는 제존상(諸尊像)의 집합도로서 일반적으로 만다라라 하면 이 양식의 만다라를 가리키게 된다. 한편 내적 만다라는 우리들의 개별적 인간 존재의 복잡성에 대하여 전체적 소우주를 하나의 통일체인 만다라라 생각함에서 비롯된다. 이 신체적 만다라는 우리들의 신체 안에 지(地), 수(水), 화(火), 풍(風), 공(空)이라는 5대 존재 요소를 범자(梵字)에 의하여 다섯 부분에 배치하는 5자 엄신관(五字嚴身觀)을 토대로 한다. 그리하여 다섯 가지 형상에 의한 오륜석탑(五輪石塔)에 대한 신앙 등이 있으며 또한 신체 안의 신비적 맥관을 통하여 생명 에네르기(Energie)의 상승 강하를 관상하는 고대 인도의 탄트리즘 행법도 일종의 신체 만다라라 할 수 있다.

형태적 분류

좁은 의미의 만다라에 한하여 형태적인 면에서 만다라의 종류를 구분할 수 있게 된다.

앞에서 말한 외적 만다라에서는 신성한 세계의 내꾜자인 밀교의 제존성이 시가적으로 표현되나 그에 관하여 전통적으로 대(大), 삼(三), 법(法), 갈마(羯磨)라 약칭되는 4종 만다라설이 있다. 이 설에 대해서는 몇 가지 견해가 있을 수 있으나 밀교의 근본 교의인 '즉신성불의(即身成佛義)'에 의하면 다음과 같은 심벌리즘(Symbolism; 상징주의)의 한 과정으로 이해할 수 있게 된다.

먼저 존상의 만다라는 대만다라라 한다. 여기 대(大)라는 말 속에는 여러 가지 해석이 행해지고 있으나 그 요지는 실제의 모습을 취한 도상(圖像)으로써 표현된 제존(諸尊)의 만다라이다. 예컨대 금강계(金剛界)의 대일여래라면 양발을 포개어 발바닥을 위로 하여

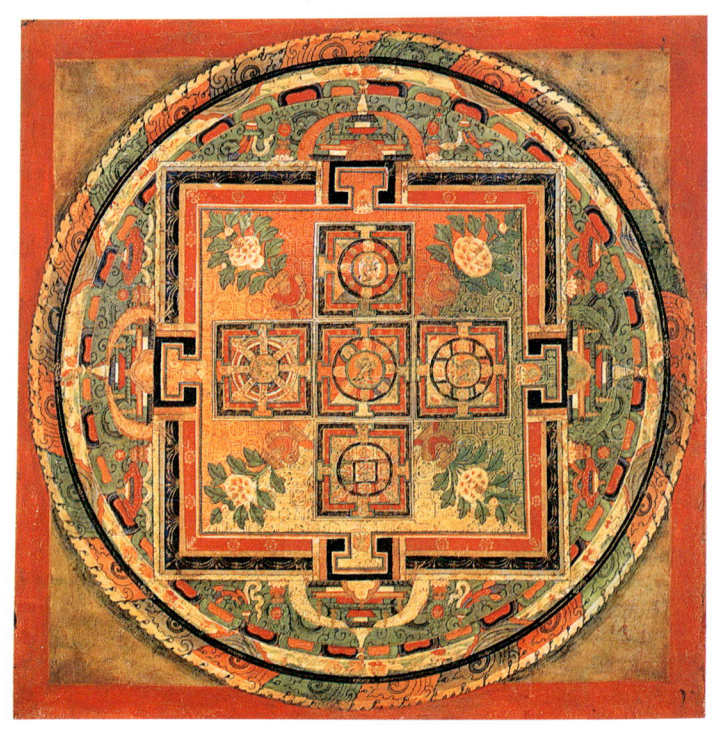

상(shang)유파 5탄트라 섭족(攝族) 만다라 별개의 5탄트라 만다라를 모아 하나의
만다라를 이룬다. 중앙 만다라의 중존은 8면16비4족(八面十六臂四足)의 헤바즈라
(Hevajra)와 그의 비(妃)인 1면4비(一面四臂)의 금강무아녀이다. 4유(四維 ; 4방의
중간)에는 꽃이 들어 있는 병이 그려져 있다.

16 만다라의 종류

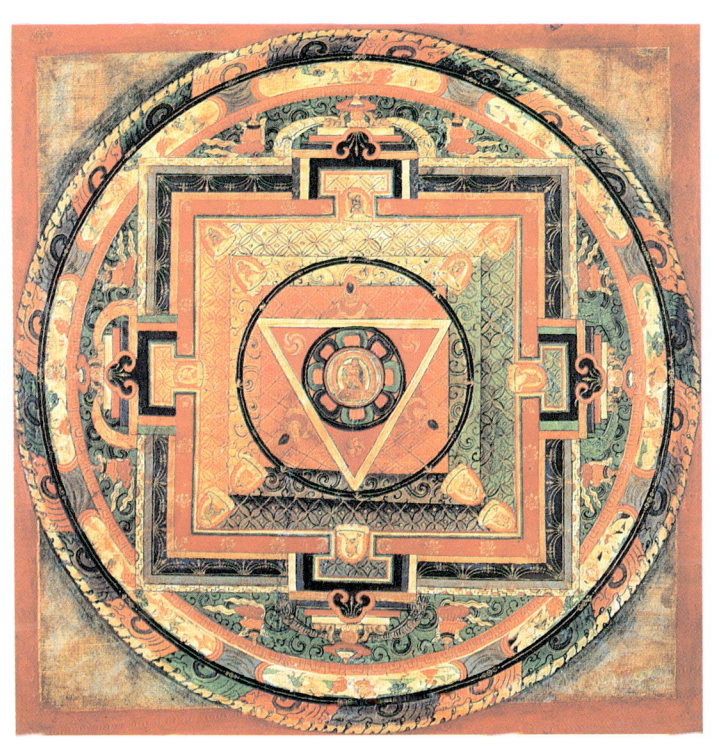

금강저녀(金剛豬女) 21존 만다라 중존은 1면2비(一面二臂)의 금강저녀이다.

앉고 양손은 지권인(智拳印)을 결한다.

삼매야 만다라로서의 상징 만다라는 대만다라로서의 존상 만다라
를 토대로 간략화하여 각 존격(尊格)의 성격이나 활동을 지물(持
物)이나 손의 모습 등으로 명확히 하였다. 여기서 말하는 삼매야란
약속, 계약 등의 의미를 지닌 범어 samaya의 음사로서 한자 자체에
는 아무런 의미가 없다. 곧 연꽃이나 검 등 특색있는 지물 등에 의하
여 그 존격임을 일반에게 약속하고 상징화한 것이다. 아홉 부분
(9會)으로 이루어지는 금강계 만다라 가운데 삼매야회와 항삼세삼
매야회(降三世三昧耶會)는 여기에 속한다.

상징 만다라를 다시 상징화하여 종자(種字;種子라고도 한다)라고
하는 단음절 문자 또는 문장화한 다라니로 표현한 것이 법만다라로
서의 문자 만다라이다. 여기서 문자라고 하는 것은 고대 인도의
신성한 문자라고 하는 범자에 원칙적으로 한정되고 종자란 식물의
종자에서 뿌리나 줄기, 잎, 꽃 등이 생겨나듯이 그 내부에 전체의
본질을 집약하고 있다.

한편 입체 만다라로서의 갈마 만다라의 갈마란 Karman이란 범어
의 음사로서 행위를 나타낸 말이다. 종교적인 깊은 의미로는 불,
보살이 중생을 구제하기 위하여 행하는 모든 행위로서 전술한 3종
의 만다라를 포함하여 말하지만 현실적으로는 화상(畵像)보다 목상
(木像), 소상(塑像), 주조상(鑄造像) 등의 존상에 의하여 구성된
입체 만다라를 가리키는 예가 많다.

내용적 분류

만다라의 내용적 분류는 밀교가 어떤 경로를 거쳐 어떻게 발전,
전개되어 왔느냐에 따라 그 분류 방법이 다를 수 있다. 곧 「대일

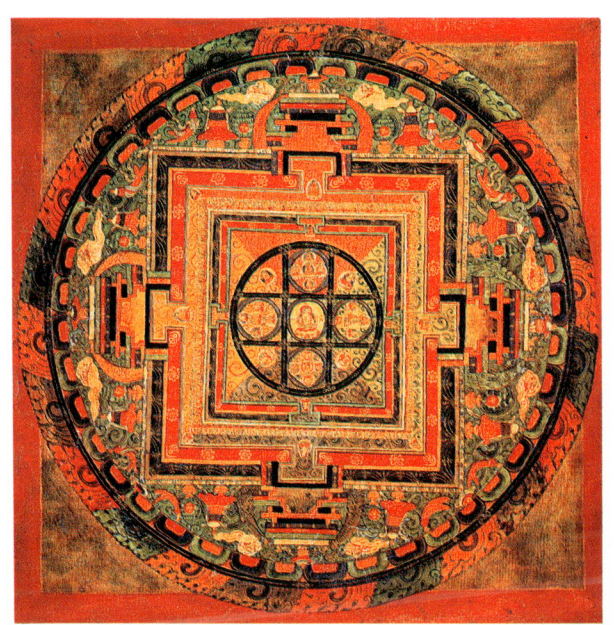

금강계(金剛界) 1037존 만다라 중존은 대일여래이며 상징으로 묘사된
4녀존(女尊:심금강녀, 보금강녀, 법금강녀, 업금강녀)이 대일을 둘러싸
고 있다.

경」「금강정경」에 의한 밀교를 수용한 중국이나 일본에서는 이들
경전을 바탕으로 한 태장계(胎藏界), 금강계(金剛界)의 양계 만다라
를 발전시켰으나 우리나라의 밀교는 그 전 단계의 밀교라고 생각되
는 화엄 밀교에 머물고 말아 이에 대응할 만한 만다라로서 화엄계
만다라를 발전시키게 되었다. 다른 한편 티베트 지방에서는 양계
만다라 가운데 금강계 만다라를 중심으로 만다라의 전개, 발전이
있었다고 하는데 이것은 밀교의 발전, 전개 과정이 다른 데서 오
는 것이라 하겠다.

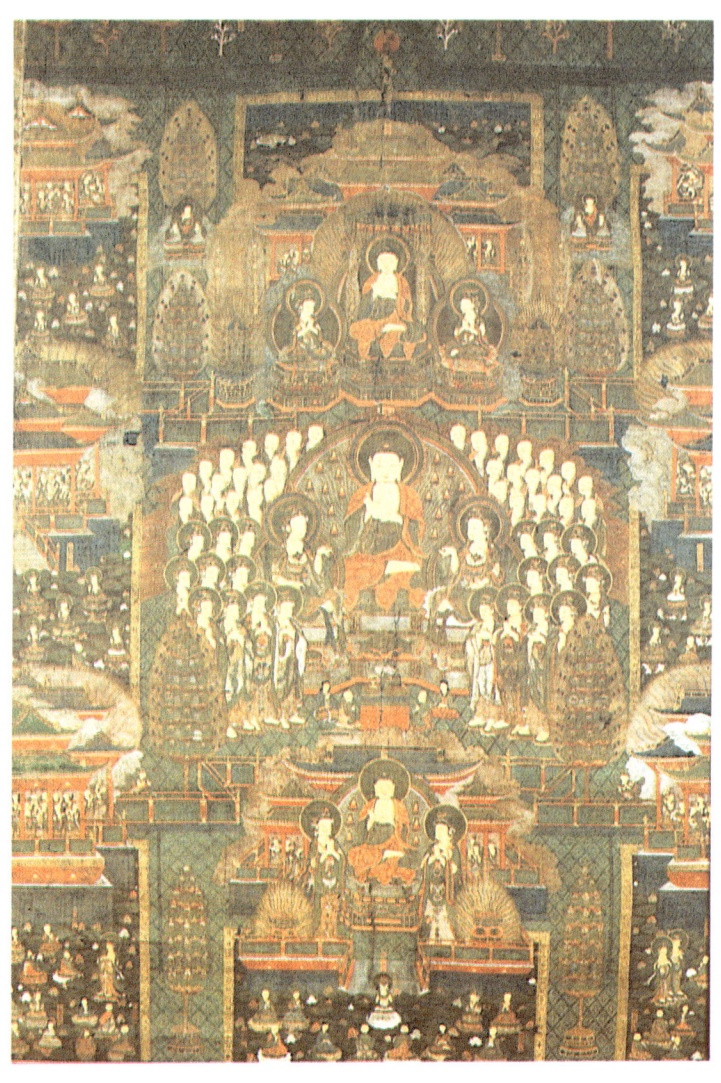

관경변상도 정토 만다라로서 일본 교토 지은원(知恩院)에 있는 우리나라 고려시대의
불화이다.

20 만다라의 종류

제존의 집회도라는 좁은 의미의 만다라에 한정하여 만다라의
내용을 분류하면 다음과 같이 나누어 생각할 수 있다.

양부(兩部) 양계(兩界) 만다라

이들 양계 만다라에 대한 미술적 제문제에 대해서는 다음에 다시
상술하겠으나 그 내용 분류 및 유형은 앞에서 말한 바와 같다.

별존(別尊) 만다라

별존 만다라란 양부 양계 만다라가 언제나 대일여래를 본존으로
하고 있음에 대하여 원칙적으로 대일여래말고 그 밖의 존상을 본존
으로 하고 여러 가지 재난을 면하여 좋은 상태를 증진해 나가는
수법(修法)을 행할 때 모시는 불화(佛畵)이다.

정토(淨土) 만다라

정토 만다라는 만다라의 범위를 좁은 의미로 한정한다면 극락
세계를 묘사한 일종의 정토 묘사도로서 반드시 시점(視點)을 정면으
로 갖는 밀교 만다라라고는 할 수 없다. 그러나 그같은 극락 세계의
묘사에는 아미타여래를 비롯한 많은 불, 보살들이 집합하여 하나의
완결된 세계를 형성하고 있어 만다라적 구조를 지니는 것이라 할
수 있다.

만다라의 구조와 표현 방법

만다라의 구조

만다라의 오리지널적 요소를 가장 충실히 전하고 있는 티베트계의 만다라에서는 거의 예외 없이 제일 바깥 외주의 원륜에 의하여 주위(周圍)와 단절을 갖게 하고 있다. 그 이유의 하나는 성스러운 불, 보살의 세계를 가시적(可視的)으로 현출(現出)하기 위해서는 원형(円形)이 가장 적합한 것이라고 생각하였던 것으로 믿어지나 주목되는 것은 그 원륜이 이중, 삼중의 구성을 지니고 있어 최외주(最外周)에서는 불타고 있는 화염(火炎)의 원륜(円輪)을 그리고, 중간에는 고대 인도의 무기인 금강저(金剛杵)의 원륜이 둘러 있고 제일 내부에는 연꽃의 연판이 방사상(放射狀)으로 연속하여 표현되어 있는 점이다.

여기 제일 가장자리 원주의 화염륜(火炎輪)은 그 내부에 외적이 침입함을 방어하여 성스러운 공간을 형성한다고 하는 결계(結界)의 역할을 다하고 있음을 알 수 있다. 따라서 이 화염륜은 실제의 적군이나 독충 등의 외적뿐만 아니라 내적, 정신적으로 해석하여

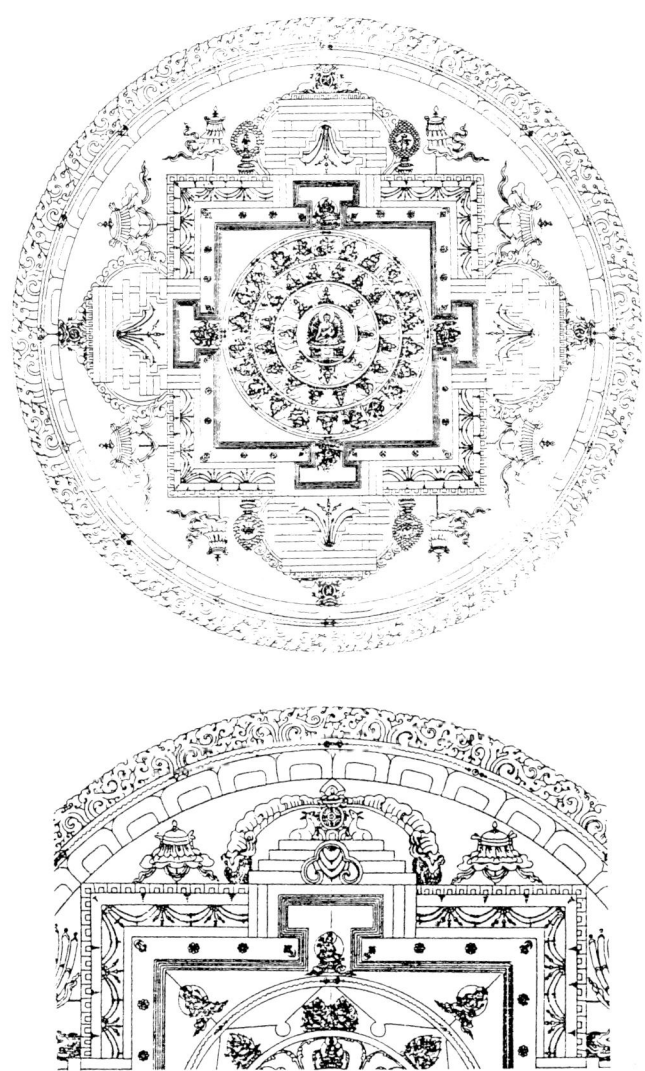

티베트계 만다라의 기본 구조(맨 위)와 내부(위)

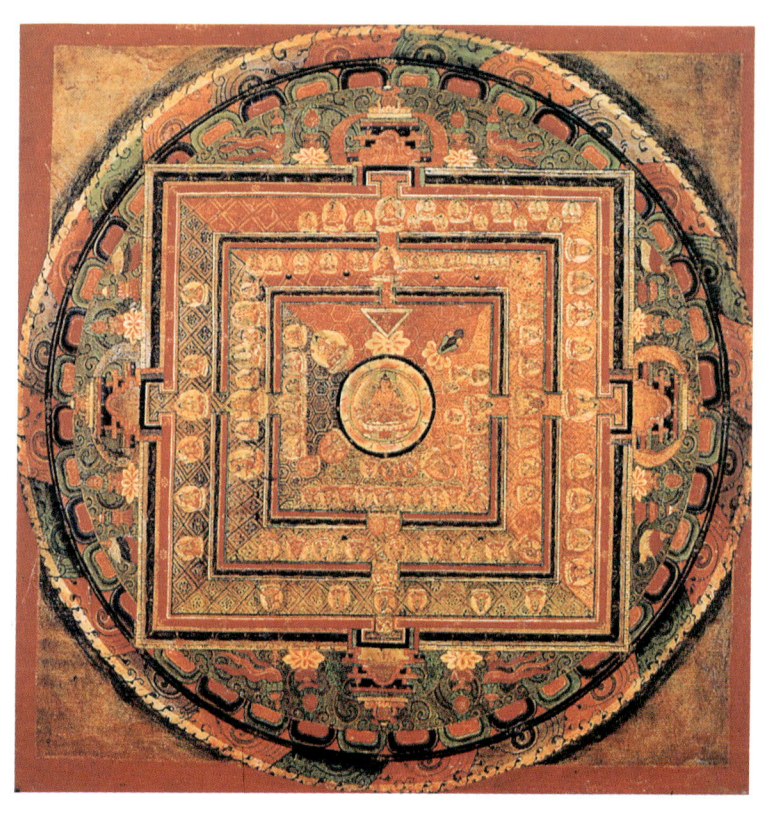

현등각대일(現等覺大日) 122존 만다라　중존은 대일여래이며 만다라의 구조가 3원(三院; 내원, 제2원, 외원)으로 되어 있다.

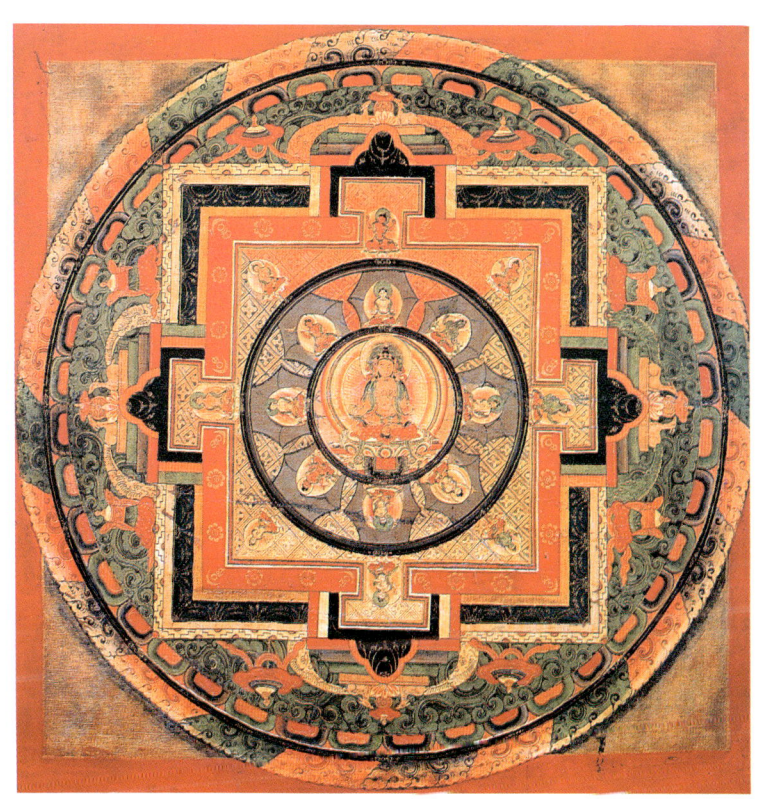

석가모니신형(釋迦牟尼身形) **만다라** 중존은 석가모니불이며 4방으로 열려진 4문에는
4섭(四攝) 보살인 금강구(동), 금강색(남), 금강쇄(서), 금강령(북)이 있다.

우리들의 마음의 세계를 동요시키는 번뇌와 스트레스 등의 심리적 요인에 이르기까지 그들을 철저히 차단하여 성스러운 세계를 지키고 있음을 나타낸다. 그리고 금강저에 의한 바리케이드(barricade)와 같은 목적에 의한 것이라 할 수 있다. 금강저는 고대 인도에 있어 싸움의 신(神) 인드라의 무기로 알려져 있으며 우리나라의 경우 금강역사상이 이같은 금강저를 쥐고 결계의 의미를 나타내고 있음을 살필 수 있다. 어떻든 이상의 화염륜과 금강저라고 하는 두 가지 강력 요소에 의하여 만다라의 완전성이 보장되고 있는 것이라 할 수 있다.

다른 한편 최내륜(最內輪)의 연판륜(蓮瓣輪)은 이상의 두 요소와는 그 성격을 달리하고 있어 이 점이 주목된다. 경전상에서 나타나고 있는 연꽃은 청결함을 나타냄과 동시에 신비적인 생산 산출 상징으로서 친근감을 갖게 하고 있음이 그와 같은 것이다.

만다라는 일시적이라고는 하지만 그곳에는 실재가 현출되는 장소이기도 하다. 이같은 사실은 여성의 신비적인 생산의 에네르기와도 공통성을 지니고 아울러 연꽃은 여성 요소의 상징이 되기도 한다. 이와 관련하여 관음보살의 지물이 연화이며 문수보살의 지물이 수련이라는 사실은 주목해 볼 만하다. 그런데 이같은 연꽃의 상징적 의미를 단적으로 표현하고 있는 것이 밀교의 중심 경전이라 할 수 있는 「대일경」에 설하고 있는 태장계 만다라이다. 태장계 만다라는 정확하게 말하면 대비태장생(大悲胎藏生) 만다라 곧 큰 자비의 모태에서 태어난 만다라라 한다. 여기서 보면 중앙에 8엽의 연판을 묘사하고 화필(花芯)에 본존의 대일여래를 그리고, 주위의 8엽에는 4방에 깨달음의 각 단계를 상징하는 보당여래(寶幢如來) 이하의 4불(佛)과 그 4우(隅)에는 관음, 문수 등의 유력한 4보살이 배열되어 있다. 여기서 8이란 수치는 4에 이어 공간 분할상의 중요한 수임과 동시에 8엽의 연변(蓮邊)은 인간의 심장을 상징하고 있다는 설도 있다. 어떻든 연화는 만다라 도상상(圖像上) 특히 태장계 만다라에 있어서는 중요한 요소라는 사실을 잊어서는 안 된다.

이어 이상 삼중 원륜(三重円輪)의 내부 구조를 보면 4방에 4원을 갖춘 정방형의 성곽(城廓) 구조가 그것도 균등한 역학 관계를 지니고 수직의 방향으로 누르고 있는 양쪽 상부(上部)를 바깥쪽, 하부(下部)를 안쪽으로 향한 방사상으로 묘사되어 있다. 이와 같은 만다라 내부의 4방형은 불, 보살이 사는 궁전을 나타내고 있는 것이다.

먼저 그 문의 부분에 주목해 보면 몇 층의 구조를 지닌 누각 위에는 양쪽에서 아치형의 장식이 묘사되고 그 중앙에는 두 마리의 사슴이 서로 마주보고 앉아 불교의 상징인 법륜(法輪)을 받들고 있다. 이 모티브가 인도 녹야원에의 석가모니불의 초전법륜(初轉法輪)을 나타내고 있음을 쉽게 짐작하게 한다. 곧 밀교의 만다라에는 불교의 개산조인 석가모니불의 요소를 배제할 수 없음을 나타내고 있다.

4방형의 성곽 위에는 당번(幢幡), 산개(傘蓋), 법나(法螺) 등 연기(緣起)가 좋은 상징물이 묘사되고 그 위에는 아름다운 비천(飛天)이 악기를 연주하면서 공양을 올리고 있다. 이같은 장면도 초기 불교 이래 불탑 공양의 요소를 효과적으로 만다라의 두상에 수용하고 있는 것이라 하겠다.

4방으로 열려진 문의 내부 안쪽에는 개(鎧), 도(兜)를 든 사천왕(四天王) 또는 오른쪽 다리를 길게 뻗어 위협의 자세를 취한 분노형의 금강계의 4섭 보살(四攝菩薩)이 배치되어 악마적 존재의 침입을 저지함을 나타내고 있다. 이 도상을 내적 만다라적으로 해석하면 성곽의 내부를 의식의 세계, 그 외부를 무의식의 세계로 이해할 수도 있게 된다. 어떻든 이 성곽의 내부에는 만다라의 불, 보살들이 정렬하는 것이지만 이상과 같은 티베트의 만다라에 비하여 중국과 일본의 만다라는 외부 구조가 거의 생략되고 내부의 불, 보살의 배치만이 만다라 구성의 중요 요소가 되고 있음을 일 수 있나. 곧 중국이나 일본의 만다라는 결계적(結界的) 요소가 약화되고 오히려 불, 보살들의 내용과 그 배열이 만다라의 중심적 의미를 지니게 되었음을 알 수 있다.

이에 비하여 우리나라의 만다라는 어떠한가. 우선 티베트나 중국, 일본에 비하여 「대일경」이나 「금강정경」에 의한 밀교적 전개 사실을 아직까지 찾아볼 수 없고 따라서 이들 밀교의 양대 경전에 의한 태장계, 금강계 만다라 등의 구조는 살필 수 없다. 그러나 다만 성, 속을 구분하며 성스러운 공간 설정을 하려고 한 결계적 구상은 오래 전부터 있어 왔고 오늘에 전하는 불화나 가람 배치의 구조에서 살필 수 있다. 곧 삼국시대에서 신라시대에 걸쳐 조영되었던 가람 배치의 유구에서 보면 회랑으로 둘러싸인 가람상의 구조를 확인할 수 있게 되는데 여기 회랑은 티베트 만다라에서 4방형의 성곽 구조와 같은 기능을 지니고 있는 것으로 생각되어진다.

한편 오늘에 전하는 가람 구조를 보면 금강문(金剛門), 사천왕문(四天王門) 등을 통과하여 불전에 이르게 하고 있는데 이같은 구조도 불, 보살을 봉안한 불전은 신성시되어야 하고 그 신성성의 기능을 수호하기 위하여 금강문, 사천왕문 등이 세워졌던 것으로 믿어져 여기서도 만다라에서의 결계적 구조를 살필 수 있다. 또한 각종 불화에서 4방에 사천왕이나 금강상 등을 배열하고 있는 것 등도 같은 기능에서 이해된다.

이상에서 보면 우리나라의 만다라적 구상은 티베트의 오리지널적 만다라와 비교하면 외부 구조가 생략되어 있다는 점에서는 중국, 일본의 만다라와 같은 것이라 하겠으나 다른 한편 제존상의 배치가 중심이 되어 있는 내부 구조에서 보면 중국과 일본의 만다라는 「대일경」「금강정경」 등의 밀교적 경전을 바탕으로 하고 있다는 데 공통점을 지니나 우리나라의 만다라에서는 제존상의 배치가 반드시 「대일경」「금강정경」 등의 밀교 경전을 기본으로 하고 있지 않다는

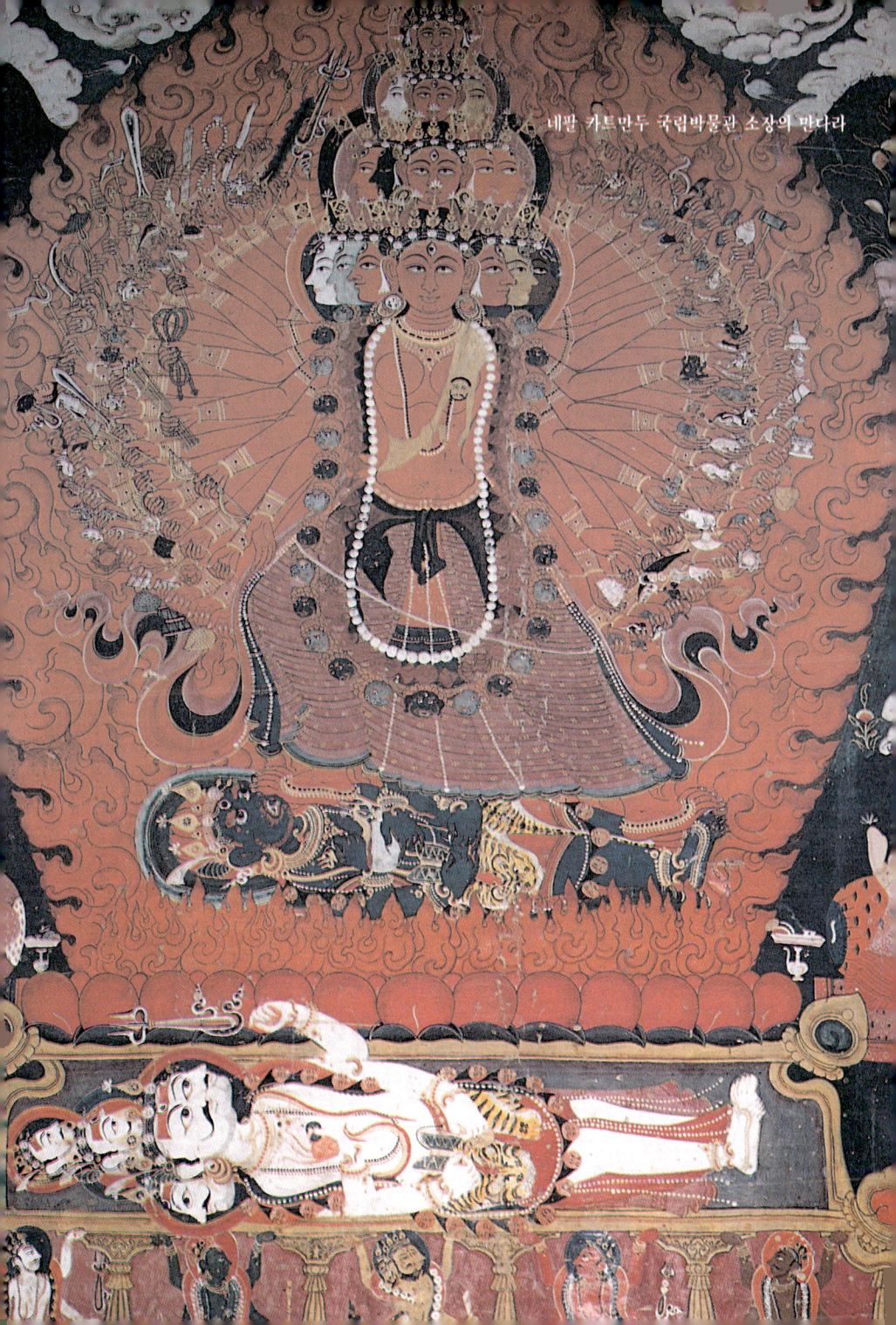

데 차이점이 있다. 그런데 한 가지 주목되는 점은 신라 후기 선종(禪宗)의 전래와 더불어 산지 가람이 형성되면서 종래의 회랑이 가람 배치상에서 생략되고 있다는 점이다. 이 점은 얼핏 생각하면 우리나라 사원의 결계적 기능이 약화되어진 것을 의미하는 것처럼 보이지만 결코 그렇지는 않고 오히려 산세(山勢)를 이용한 결계적 기능이 변용되고 있다는 데 주목할 필요가 있다.

중국이나 일본의 만다라가 티베트 만다라에서 볼 수 있는 외부 구조를 생략하고 있음은 기후가 온난하여 만다라 수행의 방해물이 되는 독충이나 독사 등이 적다고 하는 풍토적 요인에 따른 것이란 설이 유력시되고 있지만 우리나라의 산지 가람이 회랑을 생략하게 되었다는 것은 주위의 산줄기로써 방어의 기능을 다하려 하였던 데 연유하는 것임을 살필 수 있다. 곧 오늘에 전하는 가람 신앙의 체계가 외호 산신(外護山神), 내호 가람신이라 하고 있음에서 알 수 있듯이 우리나라 불교에서의 산신 신앙은 일차적으로 산지 가람에 있어 성역 공간을 방어한다는 기능을 지니고 있는 것임을 알게 한다. 이것은 어쩌면 한민족의 자연주의적 문화 기반이 만다라적 구상을 함에 있어서도 인위적인 결계보다는 자연적인 결계를 더욱 선호하게 되었던 데 연유하는 것이 아닌가 한다.

만다라의 표현 방법

만다라의 도상

성스러운 세계를 상징하는 것이 만다라이므로 그 기본이 되는 도상과 구조에는 중요한 의미가 내포되어 있다는 사실을 잊어서는 안 된다.

우선 만다라의 전체적 구조를 개관하여 분명해지는 것은 도상적

으로 보아 만다라는 대부분이 원과 방형(方形)이 중심이 되어 구성
되어 있다는 사실이다. 이러한 경향은 결코 우연한 것이 아니라
상징화의 입장에서 매우 중요한 의미를 지니고 있다.

　인도, 티베트의 만다라는 전체가 원칙적으로 원형의 기본 구조를
지니나 원형은 원만이란 말에서 알려지고 있듯이 도상 가운데에서
는 가장 완전한 형이다. 그리하여 만다라란 범어도 형용사로 사용될
때에는 원이란 의미를 지닌다. 또한 내부 구조와의 관계에서 말한다
면 원형은 두 가지를 상징적으로 표현하고 있다.

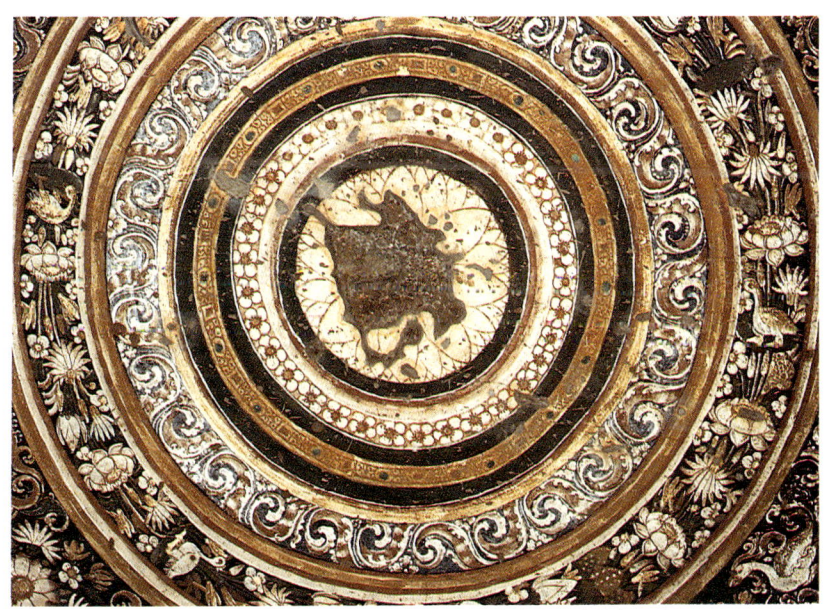

인도 아잔타 석굴 사원의 천장 벽화　태장계 만다라 가운데 연화계를 상징하는 것으로
중앙으로부터 4겹의 연꽃과 새, 물고기 그림이 혼합되어 있다.

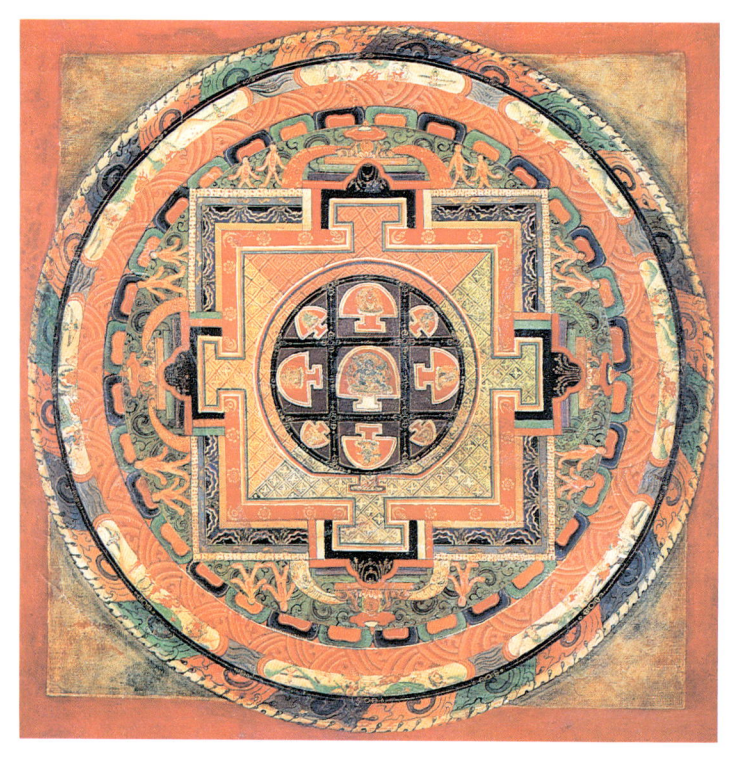

구진실반월(九眞實半月) **만다라** 금강계 만다라를 비롯하여 많은 만다라에서 현저하게
나타나는 특색인 원형은 만월(滿月)을 나타낸다. 또한 반원은 원의 반쪽이며 반월로
서 불완전을 상징함과 더불어 전개의 가능성을 상징한다.

32 만다라의 구조와 표현 방법

그 첫번째로 인도, 티베트의 만다라에서는 불탑(佛塔)을 원형으로
나타내고 있다. 불탑은 좁은 의미로는 석가의 유골을 납입(納入)
한 일종의 공양탑이지만 역사적 제약을 초월하여 보편적으로 생각
하면 성스러운 세계 그 자체를 상징한 존재라고 이해할 수 있게
된다. 우리나라의 불탑은 대부분 4방형의 탑이나 인도의 중앙부에
있는 유명한 산치(Sanchi) 탑이나 네팔의 불탑 등에서 알 수 있듯이
불탑은 원형이 기본이 되고 있음을 알 수 있다.

두번째는 금강계 만다라를 대표로 하여 많은 만다라에서 현저하
게 나타나는 특색인 것이나 여기에 등장하는 원형은 만월을 나타내
고 있다. 이는 월륜관(月輪觀)이라는 청정한 만월을 명상하는 수행
법이 밀교에서 유행한 것과 무관하지 않다. 그러면 왜 태양이 아니
고 달이 상징되었을까? 그것은 밀교 성립의 땅인 인도에서는 뜨거운
태양은 너무나 가혹한 것이어서 오히려 성스러운 세계를 상징함에
있어서는 밤하늘을 비추어 사람들을 시원하게 해주는 달이 더욱
친밀감을 갖게 하였던 것으로 생각된다. 그리고 달은 차고 기우는
일을 되풀이하고 있어 그 과정이 마음의 단계적 수행과 흡사한 점이
있다. 더욱이 완전한 경지라 할 수 있는 만월은 특별히 중시되었던
것으로 믿어진다. 이상과 같이 구체적인 깃에 의하여 성스러운 것을
표현하고자 하는 것은 밀교의 기본 경향이라는 사실을 잊어서는
안 된다.

다음에 정방형(正方形)은 완전성이란 면에서는 원에 미치지 못하
지만 평면 공간의 중요 요소를 모두 구비하고 있으며 더더욱 발전,
전개를 암시하는 것이 정방형이기도 하다. 그리하여 안정성이란
면에서는 어떤 도상보다도 중요한 위치를 차지한다. 4라는 숫자는
우리나라에서는 죽을 사(死)자와 음이 같아 별로 좋아하는 수치가
아니나 고대 인도에서는 사천왕, 사성제 등에서 보는 바와 같이
정리성이 좋은 수치로 인식되어 왔다.

특히 만다라와 같이 공간 배치를 기본으로 하는 입장에서는 4방형은 원형(円形)과 더불어 불가결의 역할을 담당하여 온 것이라 하여도 과언이 아니다. 우리나라 석굴암의 평면 공간을 보면 금강역사 8부신 가운데 사천왕 등에 의하여 도량의 안정성이 유지되고 있음을 상징하고 있는 굴 안의 앞부분은 4방형으로 되어 있으며 그 안쪽 본존을 모신 공간은 원형으로 하여 불, 보살의 거처는 완전성을 지닌 곳임을 상징하고 있다. 여기서 보면 석굴암의 평면 공간의 설정은 결코 만다라와 무관한 것이라 할 수 없다.

다음에는 만다라에 있어 빈도는 떨어지지만 반원형을 들지 않을 수 없다. 반원은 원의 반쪽이며 불완전성을 상징함과 더불어 나아가 전개의 가능성을 상징한다. 또한 반원은 도상적으로는 움직임을 표현할 수 있으므로 「대일경」에서 설하고 있는 오륜탑(五輪塔)의 사상에서는 지(地), 수(水), 화(火), 풍(風), 공(空)의 5종 존재 요소 가운데 움직임을 특징으로 하는 풍의 요소를 나타내고 있다.

끝으로 삼각형은 힘이 있는 방향으로 흘러감을 나타낸다. 곧 상향의 삼각형은 아래에서 위로의 힘의 상승을 나타내고 그 반대의 하향의 역삼각형은 성스러운 힘이 현실에 전개됨을 상징하고 있다. 인도 밀교와 밀접한 관련이 있는 힌두교의 교의에서 보면 상향의 삼각형은 양근(陽根)에 상징되는 남성신 시바를, 하향의 삼각형은 여근(女根)에 상징되는 우마(시바의 처)를 나타낸다고 하고 있다. 그리고 이같은 삼각형의 조합을 얀트라(yantra)라 일컫고 있는데 삼각관계란 말이 있듯이 삼각형은 공격적인 이미지가 강한 도상의 하나이다.

이상의 도상은 각종 기원 의례를 행하기 위한 호마(護摩)의 수법(修法;밀교 의례의 하나)을 행할 때 불단 위에 묘사되는 만다라의 윤곽이 되기도 하는데 여기서 사용되는 만다라의 도상과 색채의 관계는 다음과 같다.

식재(息災)─원형(円形)─백색(白色)
증익(增益)─4방형(四方形)─황색(黃色)
경애(敬愛)─반월형(半月形)─적색(赤色)
조복(調伏)─삼각형(三角形)─흑색(黑色)

　이상 기원의 내용에 해당하는 식재, 증익, 경애, 조복의 네 가지 목적을 4종법이라 한다. 이를 좀더 자세히 설명하면 식재란 각종 재해를 물리친다는 것인데 현재 마이너스 상태에 있는 것을 적어도 제로(0)의 상태에 있게 하는 기원을 말한다. 병 회복, 액운의 무사 등이 이에 해당한다.

　증익이란 현재에는 제로의 상태 또는 불충분한 상태에 있는 것을 플러스의 상태가 되게 하는 수법이며 수명 장수, 상업 번영, 학력 증진 등이 이에 해당한다.

　경애란 증익의 일종이나 특히 남녀의 애정 또는 타인의 은덕을 입을 것을 목적으로 하고 현실적으로는 좋은 결연, 부부 화합 등이 여기에 해당한다.

　조복이란 현재 플러스 또는 제로의 상태에 있는 타인의 운명을 마이너스의 상태에 들게 하는 것으로 전쟁(戰爭)이나 정쟁(政爭) 등에 많이 사용되었다고 한다.

　이상을 만다라의 도상과의 관계에서 다시 정리해 보면 식재의 만다라가 완전한 형인 원형을 사용하고 있음은 쉽게 짐작이 가는 바라 하겠으며, 모든 일을 증진(增進)시키는 증익에서는 발전성의 상징인 정방형이 사용되고, 경애의 기원에서는 반원을 사용하는 예가 많다. 이는 상징적으로는 불완전성을 남기는 반원을 완전한 원형이 되게 하는 의도를 내포하고 있는 것이다.

　한편 삼각형은 힌두교적 밀교에 해당하는 탄트라파에서는 신의 힘을 나타내는 얀트라도의 기본 도상으로서 중요한 의미를 지니고

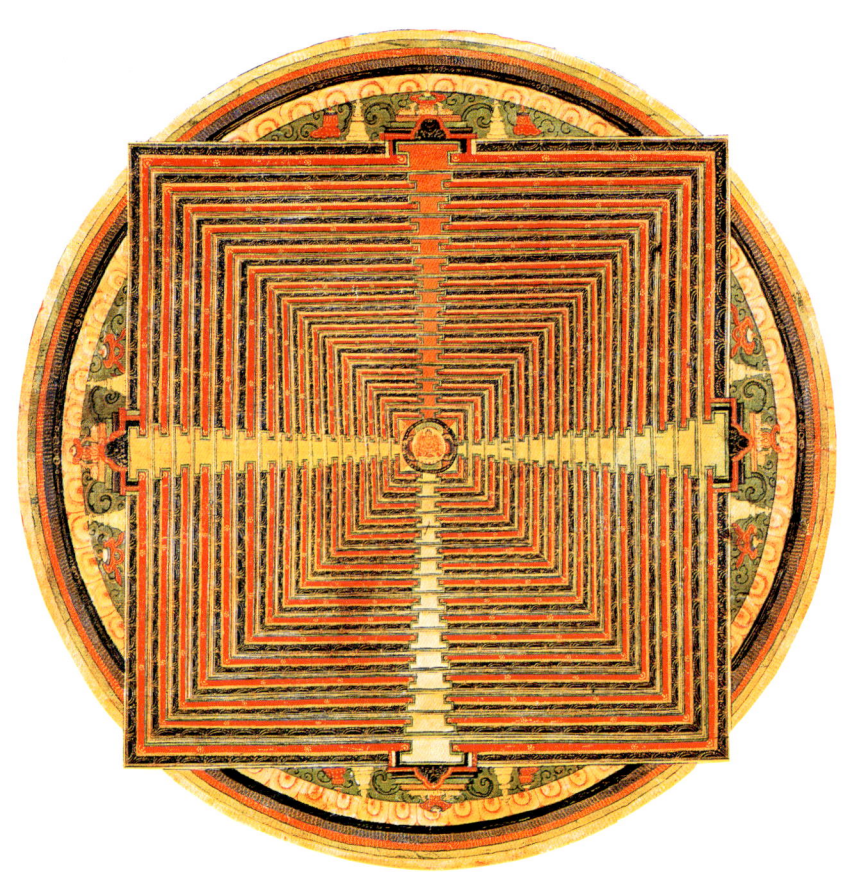

까담(bka'gdams)유파 16적(滴) 만다라 만다라의 도상에 있어서 정방형(正方形)은
모든 일을 증진시키는 증익(增益)의 상징으로 사용된다.

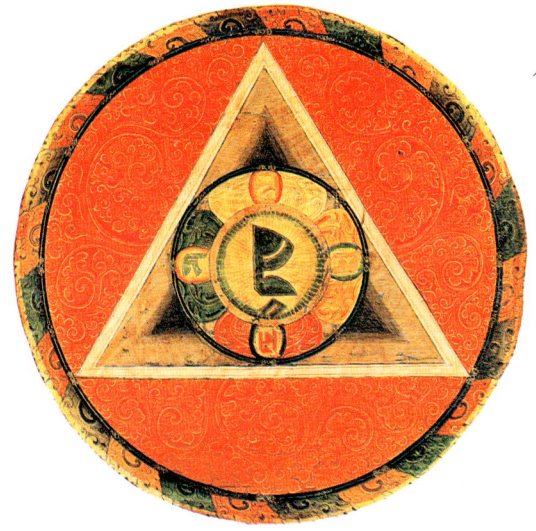

시체(Zhi byed)유파 분노금
강유가녀(忿怒金剛瑜伽女)
5존 만다라 만다라의 도상
에 있어서 삼각형은 힘이
있는 방향으로 흘러감을
나타낸다. 곧 상향의 삼각형
은 아래에서 위로의 힘의
상승을 나타낸다.

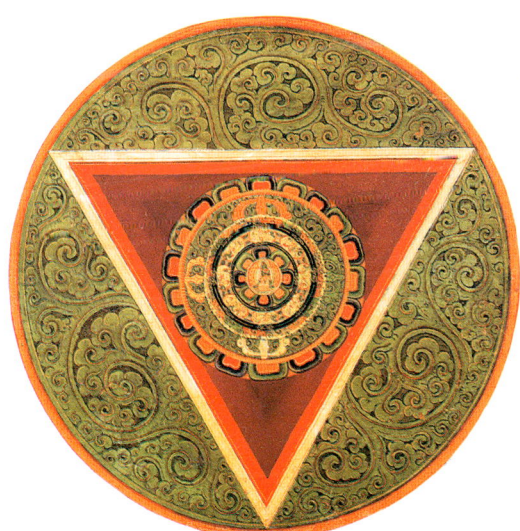

레쭝파(Ras chung pa) 전승
승락부교(勝樂父教) 만다라
위 만다라의 도상과 반대
로 하향의 역삼각형은 섬스
러운 힘이 현실에 전개됨을
상징하고 있다.

있지만 일반적으로는 힘의 일정한 방향에의 유출(流出) 등 공격적
이미지가 강하다. 따라서 상대방을 곤란하게 하는 목적으로 행하는
조복에 삼각형의 도상이 묘사되는 경우가 많다.

만다라의 색채

만다라를 표현함에 있어 색채는 도상 못지않게 중요한 의미를
지닌다. 그것은 색채가 사물의 가장 현저한 외관을 이루고 있기
때문이다. 만다라에 있어 색채는 대체적으로 백, 청, 황, 적, 녹의
5원색이 쓰여지고 있지만 이들은 각각 다음과 같은 상징적 의미를
지닌다.

백색은 안정과 정적(靜寂)을 상징하며 이같은 백색은 기본색으로
인식되고 있다. 황색은 색채론에서는 난색(暖色)의 대표이며 발전을
나타내는 색채이다. 이 황색은 황금색과도 유사성을 지닌 것으로서
동일시되는 경우가 많으며 금강계 만다라에서는 재보성(財寶性)을
상징하는 보생여래(寶生如來)의 신체색이다.

한편 적색은 정애(情愛), 사애(思愛) 등을 나타내는 색채이며
애염명왕(愛染明王)의 신체색이 되기도 한다. 청색 또는 흑색은
조복을 상징하며 부동명왕(不動明王)이나 항삼세명왕(降三世明王)
등의 신체색으로 표현된다.

태장계, 금강계 만다라에 있어 5색이라 하면 백, 청, 황, 적, 녹의
5원색을 들며 또한 만다라의 경계선 예컨대 중대 8엽원(中台八葉
院)의 방형 등에 이들 5색의 경계선을 긋게 되는데 이를 5색계도
(五色界道)라고 한다. 5색의 순서는 교리적으로는 태장계가 백, 적,
황, 청, 흑의 순서이며 금강계가 백, 청, 황, 적, 흑으로 되어 있으나
현실적으로는 채색(彩色) 만다라의 5색 계도의 순서는 일정하게
지켜지지 않고 있다.

색채 감각은 가장 원시적인 감각으로서 자연의 표면에 염착(染

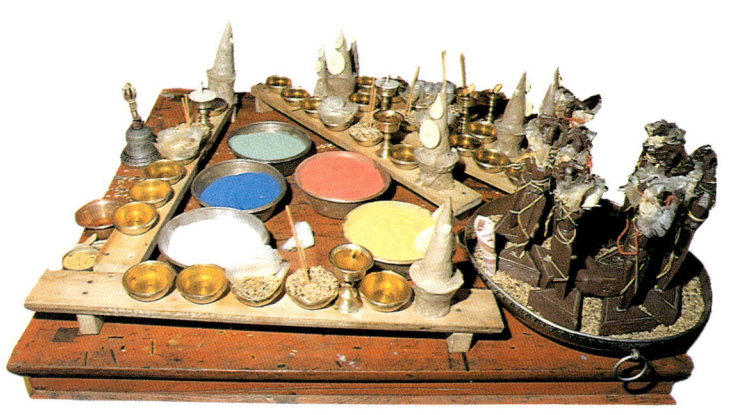

만다라를 그리는 데 쓰이는 물감 만다라에 있어 색채는 대체적으로 백, 청, 황, 적, 녹의 5원색이 쓰여진다.

着)하고 화려하며 인간의 마음을 움직임에 현혹적이다. 따라서 인간의 인식이나 감흥까지를 관찰이나 묘사의 대상인 자연과 사물의 외관을 통하며 관능의 도취에 탐닉하여 더욱 깊은 것을 구하려 하게 한다.

색채가 갖는 것은 표면적이며 직접적인 감각과 사교적인 성질을 지니나 불교에서 말하는 색의 의의에 의하면 세계를 욕계(欲界), 색계(色界), 무색계(無色界)로 나누어 설명한다. 여기서 욕계란 색계의 가장 중요한 것으로 색의 유무를 경계로 하면서도 색계와 무색계의 사이에 있다. 그것은 색이 물질을 대표하고 물질 및 인간의 신체에 관한 제욕(諸欲) 그것에 구애되어 정신적 자유를 장애하는 곳의 일체의 감각적, 육체적, 물질적인 것을 의미한다.

색계란 물질적인 것이 모두 심묘정호(深妙精好)하면 이를 색계라 한다. 이에 비하여 무색계는 색상(色相)을 초월한 세계를 말하며 이는 물질을 초월한 공의 세계이며 식심(識心)만 존재하고 심묘한 선정(禪定)에 든 세계를 말한다. 그런데 선화(禪畵)는 인생에 있이

중요한 의의를 두는 색채를 이탈한 예술 형식을 지닌다. 곧 색상을
초월한 무색계의 표현을 목적으로 한다는 것이다. 이상과 같이 선종
에서는 현실적인 색상을 부정하는 데 비하여 현실에 철저한 긍정주
의를 취하는 밀교는 현실적인 색상을 중요하게 생각한다. 따라서
만다라에 있어 색채라는 것은 색채의 환희라 할 정도로 중요한 의미
를 지닌다.

밀교에 있어 5채색의 활동은 시각적으로만 감득되는 것이 아니라
모든 감각 기관에 관계하여 전달된다는 특징을 지닌다. 곧 밀교의
표현 가능성으로서의 시각은 원래 청각, 촉각, 미각, 취각 등의 살아

만다라를 그리는 모습 티베트의 라마승들이 만다라를 그리기 위해 컴퍼스로 재며
밑본을 그리고 있다.

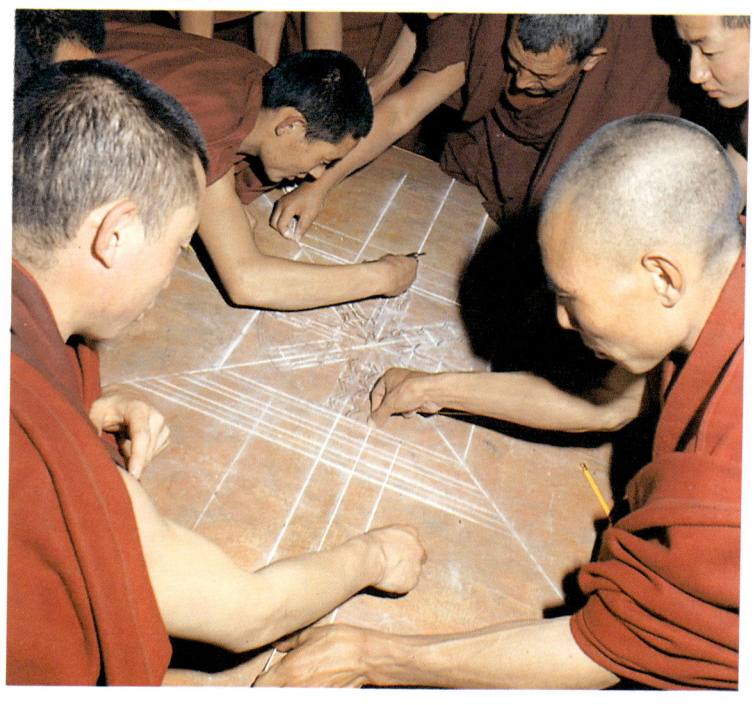

있는 채색이 상정된다는 것이다. 다시 말하면 우주를 형성하고 있는 지, 수, 화, 풍, 공의 5대 원소에 대응하는 색이 황, 흑, 적, 백, 청의 5색이며 이들 5색에는 5색의 소리가 있고 맛이 있고 냄새가 있어 단순히 평면상에 묘사된 5채색이 아니란 것이다. 따라서 5채색의 감득을 위한 수행자의 신체는 5채색을 오륜소성(五輪所成)의 신체로서 간장은 지대(地大), 심장은 화대(火大), 비장은 공대(空大), 폐장은 수대(水大), 신장은 풍대(風大)의 상징이라 하므로 5채색의 참된 원래의 기능을 보고자 한다면 5장이 5대(大)라는 대전제가 없으면 안 된다. 그것은 5대는 5지(智)를 구족하고 있고 5장(藏)은 또한 5지, 5불(佛)로서 살아 있는 그대로 나의 몸이 오륜오지(五輪五智)의 만다라체이기 때문이다.

그리하여 5채색이 있다는 것과 안다는 것은 일체로서 그것은 달과 빛의 관계와 같은 것임을 알게 된다. 그리고 있는 것으로써 보여져서 5대(우주 자체)가 된다는 추론이 가능하게 된다. 안다는 것은 물론 5지이다. 이상의 5대란「대일경」의 뼈대이며 5지란「금강정경」의 안정(眼精)이다. 밀교가 제예술(諸藝術)의 영상을 통하여 눈이라고 하는 육체의 한 기관에서 안다는 것과 본다는 두 가지를 인지(認知)히여야 된다는 것은 그것이 밀교의 중심 경선의 교설이기 때문이다. 아래에서 6대와 그에 귀속되는 속성과 내용을 표로 나타내면 다음과 같다.

6대(大)	성덕(性德)	업용(業用)	구조	색채
지대(地大)	견(堅)	지(持)	방형(方形)	황(黃)
수대(水大)	습(濕)	섭(攝)	원형	흑(黑)
화대(火大)	연(煙)	숙(熟)	삼각형	적(赤)
풍대(風大)	동(動)	장양(長養)	반월형(半月形)	백(白)
공대(空大)	무애(無碍)	부장(不障)	단(團)	청(靑)
식대(識大)	분별(分別)	결단(決斷)	원형이나 복합형	백(白)이니 복합색

만다라의 유형 구조

지금까지 만다라의 내부 구조를 중심으로 그곳에 표현되는 모습과 도상 그리고 색채에 대하여 그 의미하는 바가 무엇인가를 살펴보았다. 다음에는 이상에서 살핀 만다라에 대한 지식을 염두에 두면서 만다라 표현의 유형 구조를 분류해 보고자 한다.

소재상(素材上)의 분류

연화계(蓮花系): 앞에서도 누누이 살핀 바 있지만 연화는 만다라의 세계에 있어 대단한 위치를 차지한다. 그것은 출생이란 것에 관해서는 연화 이상의 적절한 상징물이 없기 때문이다. 따라서 연화는 태장계(胎藏界) 만다라를 비롯하여 각종 만다라에 있어 중요한 소재가 되고 있는 것이다.

월륜계(月輪系): 패턴적으로 다수파를 형성하는 것이 월륜을 택한 만다라이다. 교리적으로 보면 연화를 중요하게 생각하는 「대일경」의 태장계 만다라에 대비되는 것으로 「금강정경」의 금강계 만다라에서 중요한 소재로 다루어진다. 그런데 이 월륜계 만다라는 다시 세분하면 대월륜(大月輪)만을 소재로 한 것과 소월륜(小月輪)을 함께 가지고 있는 두 가지가 있다. 소월륜을 겸하게 되는 것은 복수(複數)의 제존상(諸尊像)을 어떻게 하면 체계적으로 조화롭게 배열할 수 있을 것인가에 대한 배려이다.

8폭륜계(八輻輪系): 8폭륜이란 8구획으로 분할되는 법륜(法輪)을 가리킨다. 이 계통의 만다라는 법륜의 이미지가 강하게 남아 있는 인도나 티베트에서 아주 중요하게 생각하는 만다라이다.

광계(框系): 4방의 외곽에 광이 있는 만다라를 말한다. 금강계 만다라의 성신회(成身會) 등이 그 대표적인 것이며 별존 만다라에서 많은 작례를 남기고 있다. 이 계통의 만다라는 내부 구조에 따라 다른 유형과 합성하는 예도 있는데 금강계 81존 만다라가 그 전형적인 예이다.

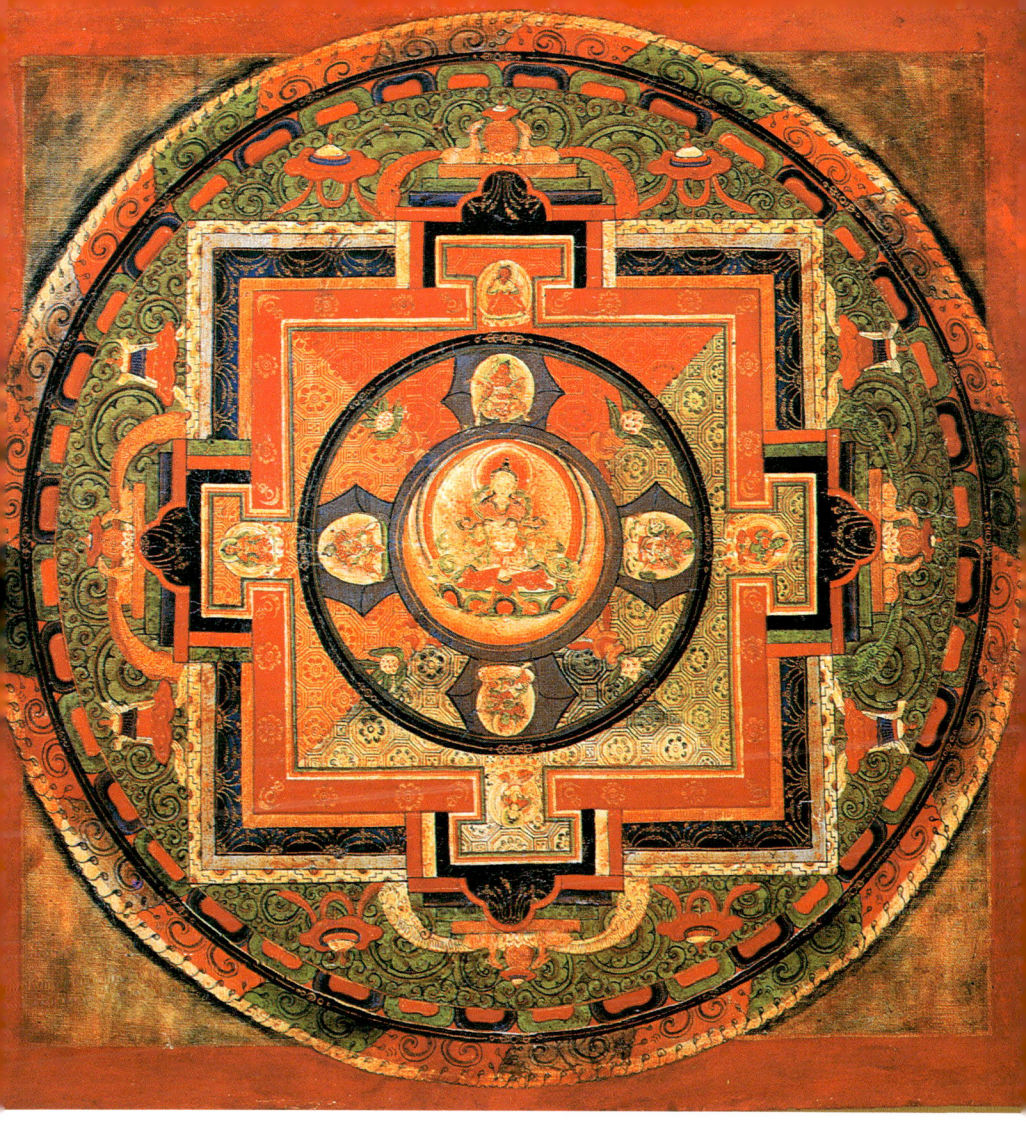

4대왕(大王)에 둘러싸인 금강수(金剛手) 만다라 광계(框系) 만다라로서 4방의 외곽에 광이 있는 만다라를 말한다. 중존은 금강수보살이며 4유(維 ; 4방의 중간)에는 감로 (甘露)로 채워진 4개의 병이 그려져 있다.

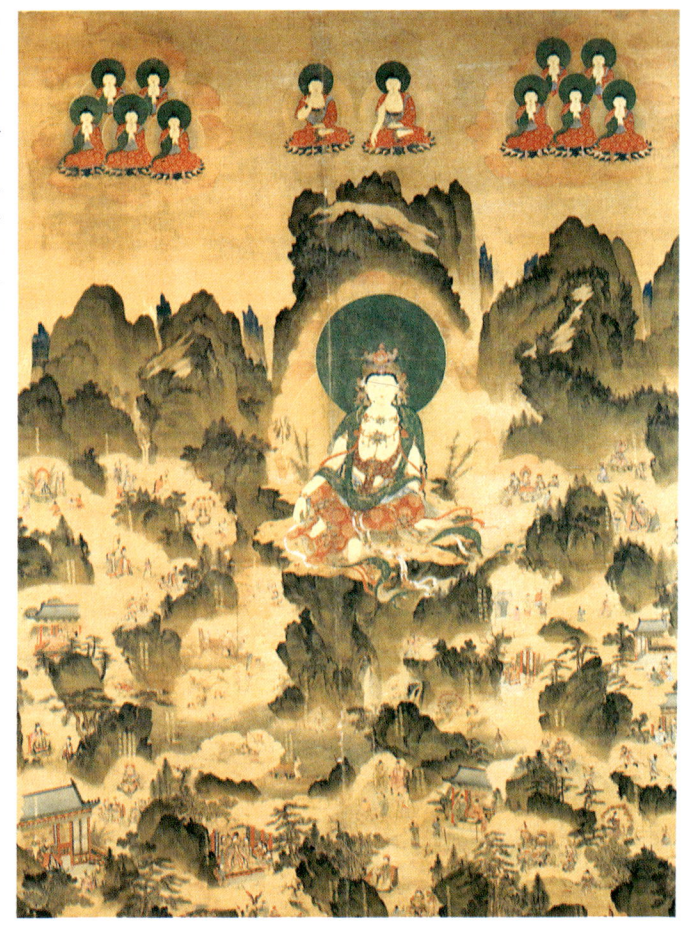

관음 32응신도(觀音三十
二應身圖) 특정의
상징적 도상을 쓰지
않고 본존을 비롯하여
필요한 최소한의 존상
을 배치하고 주위에
누각이나 산수 등을
묘사하여 성역 공간을
표현한 것이 서경계
만다라에 속한다.
일본 교토 지은원(知
恩院) 소장.

서경계(叙景系):특정의 상징적 도상을 쓰지 않고 본존을 비롯하
여 필요한 최소한의 존상을 배치하고 주위에 누각이나 산수 또는
비천, 천개(天蓋) 등을 묘사하여 성역 공간을 표현한 것이 이 계통에
속한다. 우리나라의 관경변상도를 비롯한 각종 불화는 이 계통에
속하는 것이라 할 수 있다.

구조상의 분류

구조상의 측면에서 만다라를 보면 복수의 불, 보살을 어떻게 배열하느냐 하는 것이 문제가 된다. 곧 각 존상의 계통적 분류와 역할적 분류가 밀접한 관계를 지니고 있음이 그와 같은 것이다. 여기 전자의 예로는 태장계 만다라의 관음전 지명원(持明院) 등이 되고 후자로는 광계의 외원(外院)에 배열되는 4섭(攝), 4공양의 패턴이 그와 같은 것이다.

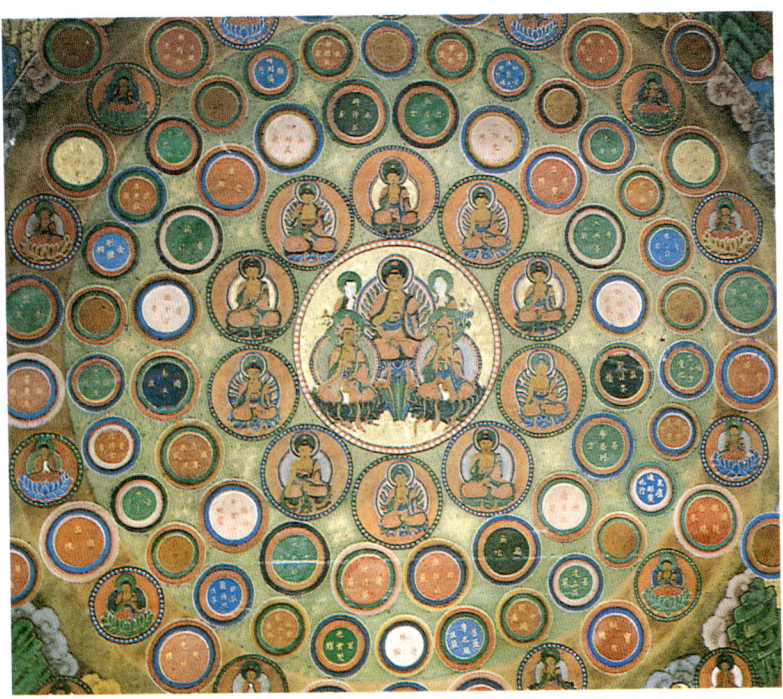

아미타정토 시방여래칭양도 만다라의 유형 구조에 있어 동심원 구조를 나타내고 있다. 용문사 소장.

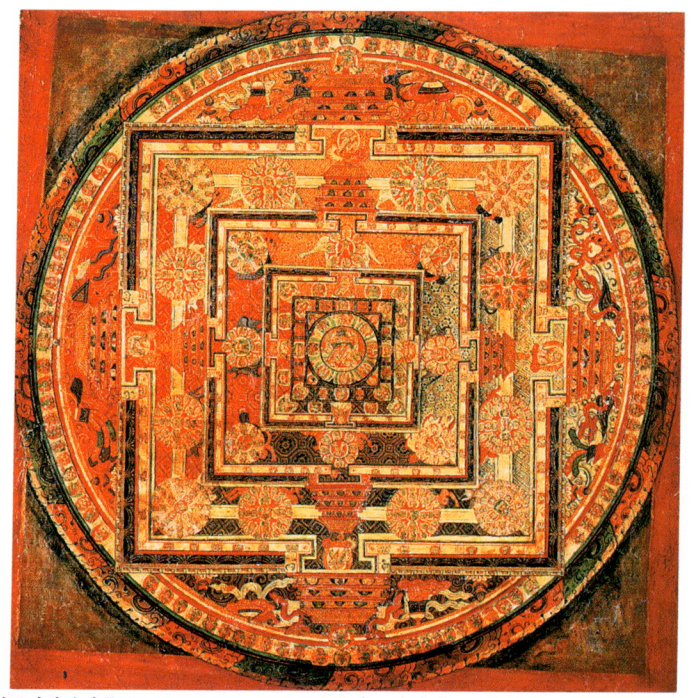

신구의원만시륜(身口意圓滿時輪) 634존 만다라 만다라 구성의 기본인 동심방 구조
이다.

　동심원 동심방 구조(同心円同心方構造):만다라 구성의 기본이며
이같은 예는 티베트, 중국, 일본의 만다라에서 쉽게 볼 수 있는 것들
이다. 이 경우에는 내부의 존상일수록 그 격이 높고 외방(外方)으로
나올수록 중요성이 줄어든다. 태장계 만다라도 보기에 따라서는
동심방 구조라 하여도 무방하다.
　정항상 9분 구조(井桁狀九分構造):공간을 분할하는 하나의 방법
이 정항상의 9분할이다. 이같은 분할은 원형이나 방형(方形)을 막론
하고 모두가 가능하다. 이때 경계선을 형성함에 있어서는 금강저나
법륜이 중심이 된다.

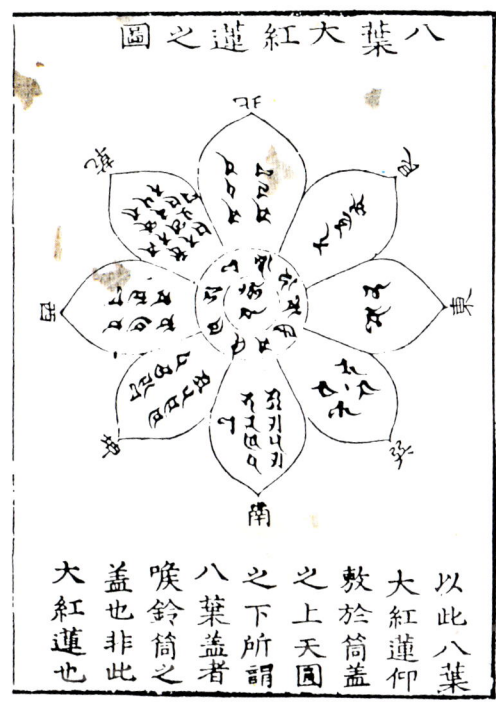

8엽대홍련지도(八葉大紅蓮之圖)
「조상경(造像經)」에 있는 그림으로서 태장계 만다라적 의미를 갖는 연화계 계통의 그림이다.

　구획별 구조:넓은 만다라의 공간을 몇 개의 존상의 집단으로 배당한다는 것은 만다라의 기본 구조이며 태장계 12원 만다라는 그 대표적인 예이다. 또한 금강계 만다라의 5지륜(五智輪)도 같은 발상에 기인하는 것이다. 티베트에 전하는 후기 밀교계의 만다라에서는 6전륜왕 만다라가 6개의 집단으로 이루어진 만다라이다.

　자유 구조:특별히 규정된 법칙을 갖지 않는 것으로서 서경계 만다라의 대부분이 이 범주에 속한다. 그러나 이같은 구조도 복수성, 중심성 등의 만다라에 있어 기본 개념에서 벗어나지 않고 있으므로 이들도 만다라라 할 수 있는 것이다. 우리나라의 불화는 대부분 이 계통의 만다라에 속한다.

양계 만다라의 구조와 사상

양계 만다라는 양부 만다라라고도 하는데 그것은 밀교의 중심 경전인 「대일경」과 「금강정경」의 양대 경전을 바탕으로 형성된 것을 가리키는 말이다. 따라서 밀교 사원에서는 이 양계 만다라를 좌우 양측에 걸고 이원론적(二元論的) 밀교의 교리를 효과적으로 표방하고 있다.

양계 만다라의 방위(方位)를 보면 중앙의 본존불이 남쪽을 향하고 있다면 그 동쪽에는 태장계 만다라, 서쪽에는 금강계 만다라를 배치한다. 이를 밀교의 교학에서는 좌태(左胎) 우금(右金)이라 일컬어 왔다.

한편 교리적으로 태장계 만다라는 이(理)의 세계를 표방하고 금강계 만다라는 지(智)의 세계를 표방하여 밀교의 이원론적(二元論的) 교의를 잘 표현하고 있는 것이라 할 수 있다. 여기서 이(理)란 밀교의 본체적 요소를 말하고 그를 인식하는 지적(知的) 요소를 지(智)라 한다.

태장계 만다라의 구조와 사상

태장계 만다라는 앞에서 말한 바와 같이 「대일경」을 근본으로 한 만다라이다. 이 만다라는 원전에 의하면 대비태장생만다라(大悲胎藏生曼茶羅) 곧 큰 자비에서 생긴 만다라라 설하고 있는데 이같은 「대일경」에 의한 만다라는 모두가 태장계 만다라라 할 수 있으나 엄밀히 말하면 그 표현 방법에는 세 가지 다양성이 있다. 곧 '입만다라구연진언품(入曼茶羅具緣眞言品)'에 의한 존형(尊形) 만다라인 대만다라와 '전자륜만다라행품(轉子輪曼茶羅行品)'의 종자(種子) 만다라인 법만다라와 '비밀만다라품(祕密曼茶羅品)'의 상징물 만다라인 삼매야 만다라가 그것이다. 그러나 현실적으로는 '구연품(具緣品)'에 설해지는 존형 만다라가 기본이 되어 있다. 한편 이 구연품에 의하면 13원(院)으로 이룩되는 만다라가 설해져 있으나 현실적으로 표현되는 것은 대호원(大護院)을 뺀 12원(院)으로 된 만다라이다.

다음에는 이 태장계 만다라에서 읽을 수 있는 몇 가지 사상성을 추출해 보고자 한다.

첫째, 중앙 부분 곧 8개의 연판(蓮瓣)으로 되는 중대 8엽원을 살펴보면 중앙의 화필(化芯)이 있는 곳에 본존의 대일여래가 좌상(座像)을 취하고 그 4방의 연판에는 4여래가 배열되어 있다. 이상 5여래에 대한 명칭과 그 기능을 요약하면 다음과 같다.

　　중앙—대일여래—방편 구족(覺의 응용)
　　동방—보당여래(寶幢如來)—발심(覺에의 출발)
　　남방—개부화왕여래(開敷華王如來)—수행(覺에의 노력)
　　서방—무량수여래(無量壽如來)—보리(覺의 실감)
　　북방—천고뢰음여래(天鼓雷音如來)—열반(覺의 체득)

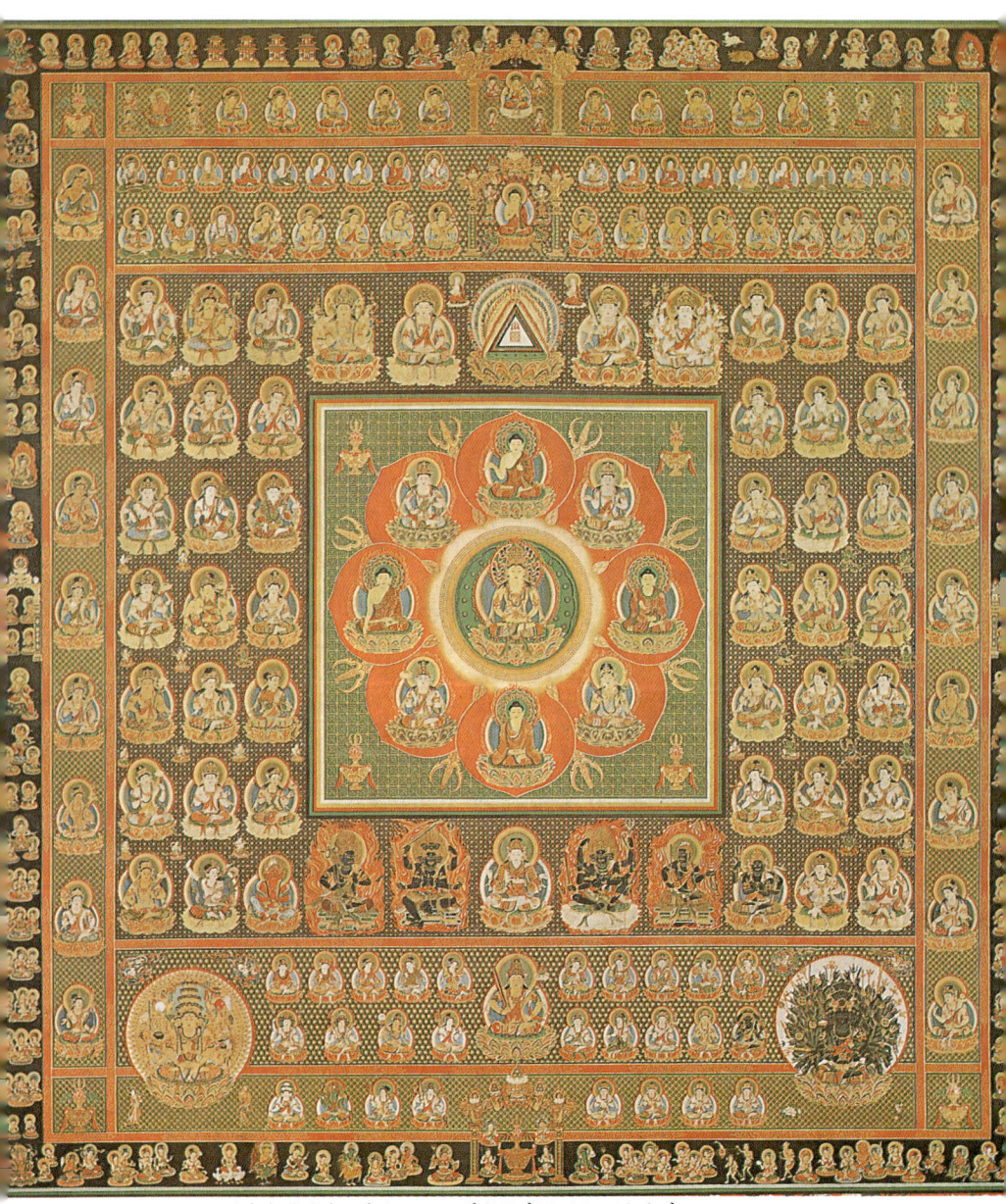

태장계 만다라 일본 교토 교왕호국사(教王護國寺) 소장.

50 양계 만다라의 구조와 사상

이상에 설명을 더하면 만다라에서는 방각(方角)은 반드시 동방에서 출발한다. 이는 해가 솟는 방향과 무관한 것이 아니고 동방의 보당여래는 보석을 박아 장식한 깃발을 나타낸 불(佛)로서 그는 비로소 종교적 세계에 관심을 갖는 발심을 상징하고 있다.

남방의 개부화왕여래는 꽃봉오리가 피는 모습을 상징한 불이며 깨달음을 향하여 수행을 거듭 쌓아가는 과정을 상징하고 있다.

서방의 무량수여래는 금강계 만다라의 서방 아미타여래와 동체라 생각되고 있는데 태장계 만다라의 교설에서는 이윽고 깨달음의 세계를 실감하는 단계를 의미하고 있다.

북방의 천고뢰음여래는 천상에 있는 자연에 소리를 내는 불가사의한 태고(太鼓)로서 석존의 설법을 나타낸 불임과 더불어 만다라의 교학에서는 열반이라는 적정(寂静)의 세계에 들게 됨을 의미한다.

이상에서 5여래의 기능이 어떤 것인가를 살펴보았지만 밀교에서는 제아무리 훌륭한 데가 있으나 자기 자신의 혼자서 깨달음의 경지에 안주한다기보다는 타자(他者)를 구제하고 고락을 같이하는 불, 보살을 더욱 중시한다. 그 결과 중앙의 대일여래는 방편구족이라하며 스스로 깨달은 득오의 경지를 다시 타사의 깨달음을 위하여 응용되는 방편을 높이 평가한다. 또한 4방 4불(四方四佛)이 의미하는 발심, 수행, 보리, 열반의 이른바 4전(轉, 네 가지 과정)도 타자와의 관계성에서 더욱 높은 가치를 인정받을 수 있는 것임은 말할 나위가 없다.

다음에는 중앙의 중대 8엽원을 비롯한 12원에 대하여 설명을 더하자면 그 전거가 되는「대일경」의 제1장 '입진언문주심품(入眞言門住心品)'에 설한 3구(句)의 법문을 사용하는 경우가 많으나 여기서 말하는 3구란 보리심을 인(因)으로 하고 대비(大悲)를 근본으로 하며 방편(方便)을 구경(究境)으로 한다. 곧 최고의 지혜는 깨달음의 마음을 그 원인으로 하고(因), 부처님의 큰 자비심을 근본으로 하며(根), 이들의 바르고 유효한 활동을 궁극의 목적으로 한다는 의미이다. 그런데 이 3구를 다음과 같이 12원에 배당할 수 있다.

인(因)—보리심(菩提心)—중대 8엽원(中台八葉院)—편지원(遍知院), 지명원(持明院), 관음원(觀音院), 금강수원(金剛手院)

근(根)—대비(大悲)—석가원(釋迦院), 문수원(文殊院), 허공장원(虛空藏院), 소실지원(蘇悉地院), 지장원(地藏院), 제개장원(除蓋障院)

구경(究境)—방편(方便)—최외원(最外院), 외금강부원(外金剛部院)

곧 중앙의 본존 대일여래의 덕성(德性)이 밀교의 교의를 좇아 외부로 원심적으로 전개됨과 동시에 주변의 것들이 본존을 향하여 귀의한다고 하는 회귀(回歸)의 구조가 있음을 잊어서는 안 된다. 요컨대 교차하는 두 가지 흐름이 교묘하게 작용하고 있다는 것이다. 여기서 보면 만다라란 직선적 일방 통행적 세계관이 아니라 어디까지나 유동적이고 활동적인 세계의 실상을 표현한 것이라 할 수 있다.

다음에는 12원의 구조와 사상에 대하여 살펴보기로 한다.

현존 태장계 만다라는 좌우(南北), 3중(重), 상하(東西), 4중의 합계인 12원으로 구성되어 있다. 여기 등장하는 존상의 수는 409존, 방위는 상방이 동쪽이다. 아래에서 12원의 명칭과 그 활동적 기능을 소개하면 다음과 같다.

중대 8엽원

본존인 대일여래와 그 속성을 분담하는 4여래 및 그를 보좌하는 4보살로 구성되어 있고 이들 4여래와 4보살을 8엽의 연판상에 배치

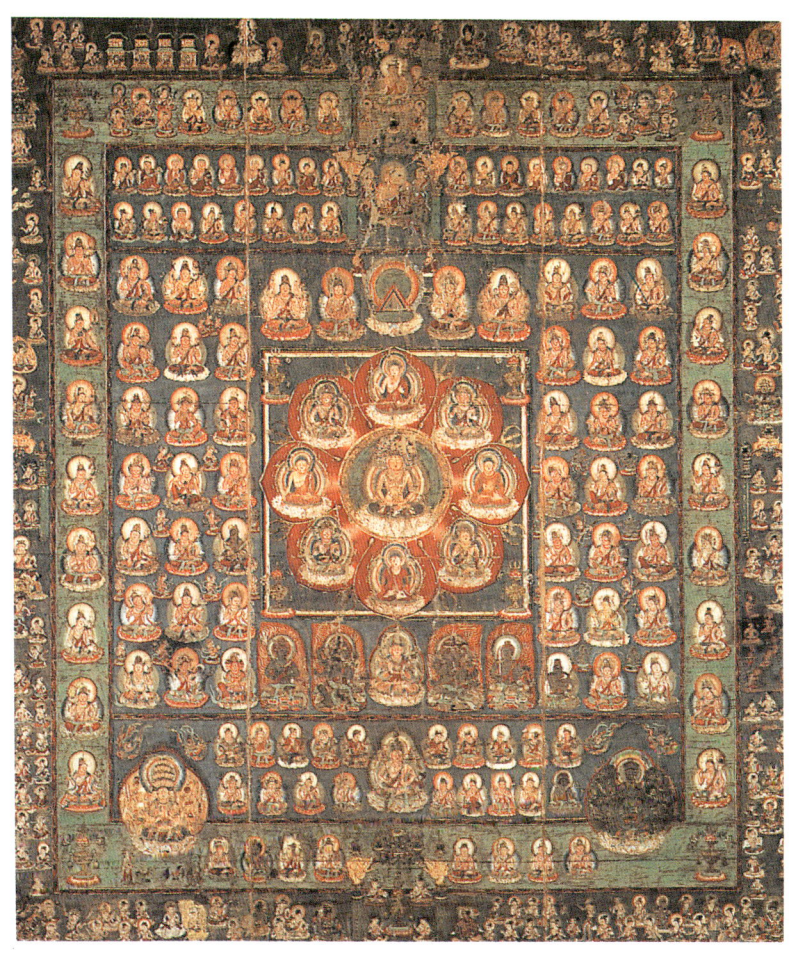

진언원(眞言院) 만다라　태장계 만다라로서 중앙의 중대 8엽원을 비롯한 12원(院)으로 이루어져 있다. 일본 동사(東寺) 소장.

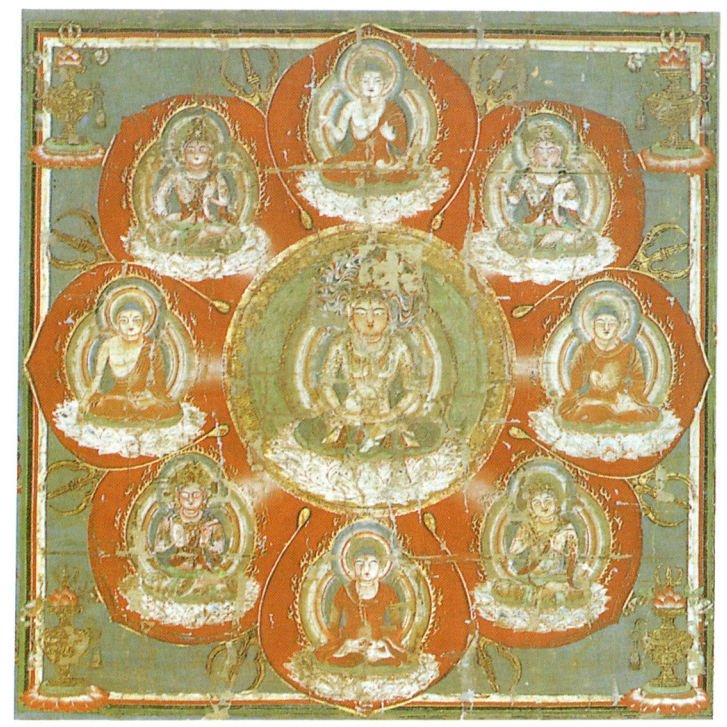

진언원(眞言院) 태장계 만다라의 중대 8엽원(中台八葉院)

하고 있어 8엽원이라 부르게 되었다.

고대 인도의 의학에서는 8엽의 연꽃은 인간의 심장 형상을 나타낸 것이라 하여 이를 중시하였으나 밀교에서는 8엽원으로 중생심을 나타내고 있다. 그 마음은 실재적으로는 불의 5지인 5불을 나타냄과 동시에 현상적(現象的)으로는 범부의 인식 능력인 9식(識)을 나타내고 있다.

곧 이상의 8엽원에서 동서남북의 4불은 대일여래를 합쳐 5지의 불지(佛智)를 나타내고 있다. 여기 대일의 지혜는 보편적인 이성

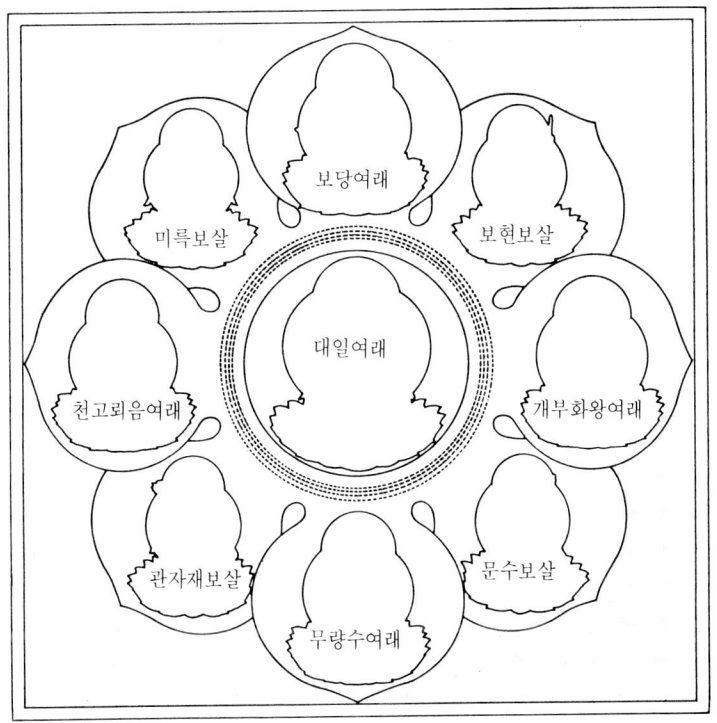

중대 8엽원의 명상도

　그 자체로서 다른 4불을 포괄한다. 따라서 다른 4불은 대일의 불지
를 분담하는 것이라 하겠다.
　　한편 4보살은 각각 4불을 과(果)로 볼 때 인위(因位)의 덕을 나타
내고 있는 것이라 하겠는데 예컨대 보현보살은 보당불의 인위로
종교적 발심을 나타내고 문수보살은 개부화왕불(開敷華王佛)의
인위로 종교적 실천에 있어 지혜를 나타낸다. 한편 관세음보살은
무량수불의 인위로 보리의 덕을 나타내고 미륵보살은 천고뢰음불의
인위로 종교적 이상경을 나타내고 있는 것이 그와 같은 것이다.

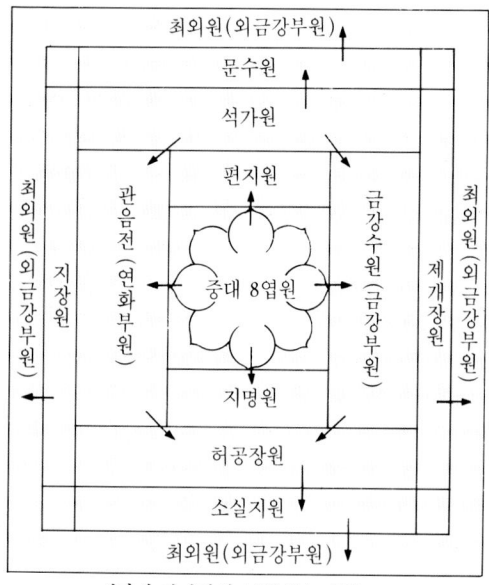

태장계 만다라의 12원(院) 배치도

이상에서 본 바와 같이 8엽원이 나타내고 있는 바는 중앙의 대일에서 외방의 8불, 8보살에의 유출의 경과를 나타내고 있는 것이라 하겠는데 이는 실재에서 현상에, 현상에서 실재에 활동의 상관 관계를 잘 나타내고 있는 것이라 할 수 있다. 한편 이렇게 이해하면 중대 8엽원은 실재와 현상의 상관 관계가 우리들의 인식에 투영되는 과정을 교묘히 도식화하고 있는 것이라 할 수 있다.

편지원

삼각형의 일체편지인(一切遍知印)을 중심으로 지혜와 사물을 산출하는 생산의 힘을 상징한다. 좌우에 불안불모(佛眼佛母), 대안무불공진실금강보살(大安無不空眞實金剛菩薩) 등 남녀 4존을 배치한다.

지명원

부동명왕이나 항삼세명왕 등에 의하며 여래의 항복의 힘을 상징한다. 중앙에는 반야불모(般若佛母)를 배치한다는 특징을 지닌다.

석가원

전통적인 석가여래를 들고 밀교가 종래의 불교를 섭취하였음을 나타낸다. 불제자, 불정존(佛頂尊) 및 여래설(如來舌), 여래어(如來語) 등의 관련 존상을 배치한다.

허공 장원

허공장보살을 중심으로 하며 여러 가지 사물을 산출하는 공덕을 상징한다. 경설에서는 5존만 설하고 있지만 천수관음이나 백팔비금강장왕보살(一百八臂金剛藏王菩薩)을 포함한 28존이 현존 만다라에는 등장하고 있다.

관음원

관세음보살을 중심으로 하며 여래의 자비의 기능을 상징한다. 여의륜, 불공견색(不空羂索), 마두(馬頭)의 변화 관음말고 다라(多羅), 비구지(毘俱胝) 등의 시자(侍者)를 비롯한 21존이 배치되어 있다.

금강수원

금강수보살(금강살타)을 중심으로 하며 여래의 힘의 기능을 상징한다. 발생금강부(發生金剛部), 허공무구지금강(虛空無垢持金剛) 등 집금강(執金剛)의 1족(族), 그 밖에 금강구(金剛鉤), 금강아(金剛牙), 금강권(金剛拳) 등 금강계 만다라와도 관계를 가질 만한 존상의 집단들이다.

문수원

문수보살을 중심으로 지혜의 구체적 활동을 상징한다. 8대 동자라는 권속을 거느리고 무능승(無能勝), 무능승비(無能勝妃)의 부부 호법 존상도 배치하고 있다. 이상 문수보살의 지혜는 인간의 인식상에 있는 지혜로서 금강수원의 실상본유(實相本有)의 지혜(이성 그 자체)와 구분된다.

소실지원

여래의 여러 가지 활동의 완성을 상징한다. 원래에는 경전에 설해지지 않고 있는 부분이나 동서의 균형상 필요해진 11면관음, 공작명왕 등이 또한 배치되기도 한다.

지장원

지장보살을 중심으로 여러 중생을 구제하는 활동을 상징한다. 이는 관음보살의 구제력을 다시 구체화한 것이다. 또한 여기서의 지장보살은 삭발의 비구형 머리가 아니라 보통 보살과 같은 모습을 지닌다.

제개장원

제개장보살을 중심으로 여러 가지 장애를 제거하는 활동을 상징한다. 지장원과 대칭적인 위치에 있고 금강수원의 활동을 더욱 현실화한 것이다.

외금강부원

만다라를 지킴과 동시에 그 공덕을 여러 방면으로 넓히는 활동을 상징한다. 만다라상의 위치에서 최외원(最外院)이라 일컫기도 하는데 사천왕, 12천 등의 강력한 호법신을 중심으로 힌두교에서 수용한 성천(聖天), 대흑천(大黑天), 변재천 등의 공덕 있는 제신을 배치하여 공고한 밀교적 세계를 구축한다.

위에서 보면 만다라란 수없는 불, 보살들이 각각 적합한 활동을 하면서 하나의 통일 세계를 구축하고 있는 것임을 알게 한다. 그런데 태장계 만다라는 원칙적으로 각 존상이 하나의 소속과 역할을 지니고 있다. 이는 같은 불, 보살이 모습과 형상을 바꾸어서 몇 번이나 등장하는 금강계 만다라와 대조를 이루는 것이라 하겠다.

이상에서 살핀 태장계 만다라의 도상상(圖像上)의 구조를 보면 중앙의 중대 8엽원을 중심으로 변지원, 관음원, 금강수원의 4원이 설치되고 이하 외금강부원 4대원에 이르기까지 점차 외곽을 향하여 각 원이 설치되고 있음을 살필 수 있게 된다. 곧 중대 8엽원을 중심한 동심원적(同心円的) 구조를 지니고 있음이 태장계 만다라의 기본 구조로 되어 있다는 것이다. 그런데 여기서 동심원의 전개(展開)는 중앙의 중대 8엽원의 인(因)이 대비와 방편을 계기로 하여 밖으로 향하고 있는 것임은 말할 것도 없다.

이같은 구성을 3중 건립(三重建立)이라 하는데 먼저 중대 8엽원과 초중(제1중)의 4대원인 변지원, 지명원, 관음원, 금강수원은 인(因)인 보리심의 덕을 상징한다.

이어 제2중인 석가, 문수, 허공장, 소실지, 지장, 제개장원 등의 6대원은 근(根)인 대비의 덕을 상징한다. 그리고 제3중인 외금강부원은 널리 모든 중생에 미치는 방편의 덕을 상징한다.

이상 3중 건립의 만다라는 실재인 대일여래의 이(理)가 중생에의 대비와 방편에 촉발되어 무한히 개별화되어 가는 과정을 나타내고 있는 것이다. 한편 3중 건립의 설은 「대일경」의 인(因), 근(根), 방편(方便)의 전개임과 동시에 법(法), 보(報), 화(化)인 삼신불(三身佛)의 건립이리 히여도 무방하다.

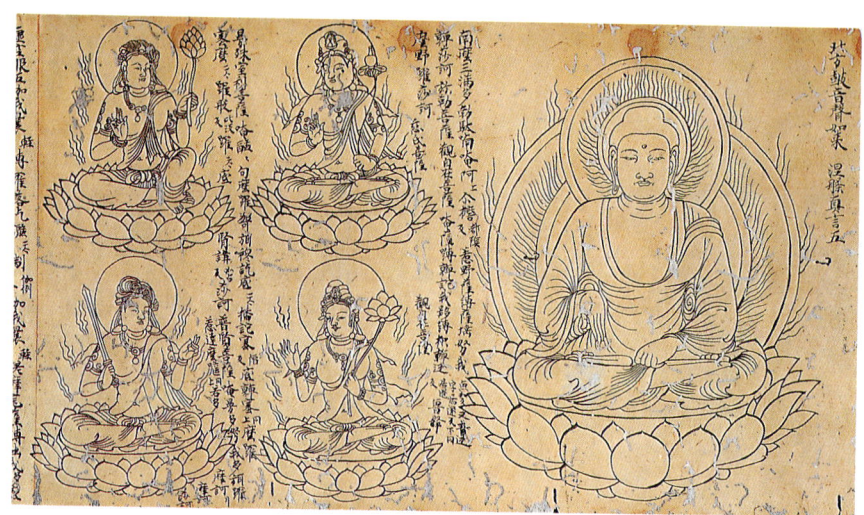

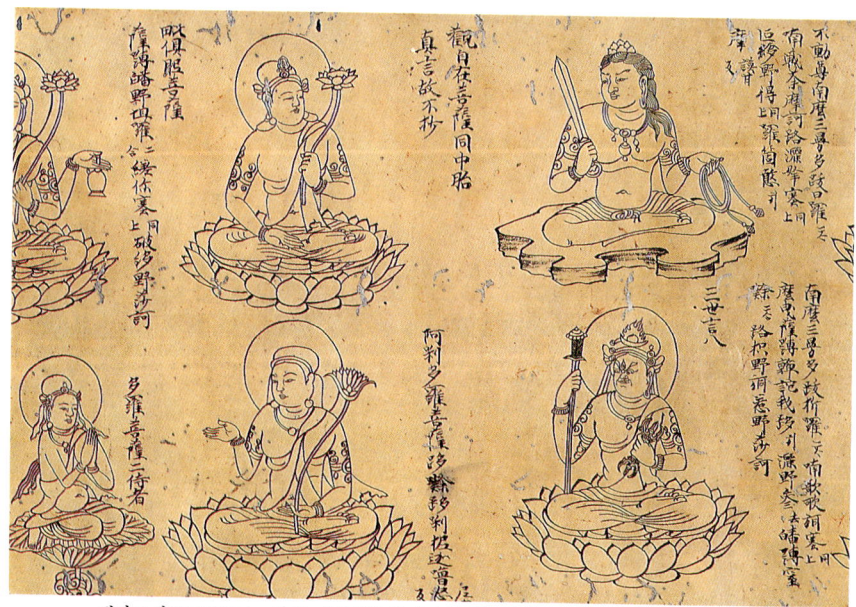

태장도상(胎藏圖像)　일본 나라박물관에 소장되어 있는 태장도상집(총2권)의 부분도로
서 묵으로 그려져 있다. 가마쿠라(鎌倉)시대.　상권(30.2×1406.1센티미터), 하권
(30.2×1331.4센티미터).(맨 위, 위)

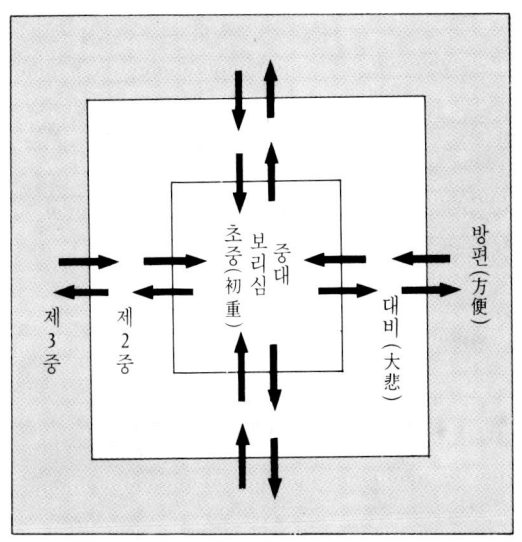

태장계 만다라의 3중 건립도(三重建立圖)

4중 건립이란 초중은 같으나 2중에서 문수원, 소실지원을 밖으로
내어 3중으로 하고 외금강부원을 4중으로 한 것이다. 이같은 태장계
만다라의 4중 조직은 진리 자체의 자성 법신(自性法身), 진리의
인격화로서의 수용 법신(受用法身), 현상계에 있어 이성(理性)의
자유로운 전개로서의 변화 법신(變化法身) 등의 밀교에 있어 4신설
(四身說)을 나타내고 있는 것이다.

금강계 만다라의 구조와 사상

태장계 만다라가 밀교의 진리론의 실상을 나타내고 있는 것이라면 진리의 관상(觀想)의 면을 나타내고 있는 것이 금강계 만다라라 할 수 있다.

태장계가 「대일경」의 연화태장생(蓮華胎藏生) 만다라라 하며 「대일경」의 진리를 구현하는 것에 대하여 금강계 만다라는 「금강정경」을 소의 경전으로 한 만다라이다. 그런데 이 「금강정경」은 「대일경」을 이어 성립된 경전이기는 하지만 그 계통은 「중관(中觀) 반야경(般若經)」 계통의 존재론이 아니라 유가행 유식파(瑜伽行唯識派)의 인식론에 근거하고 있는 것이다. 그리하여 진리 자체의 직관적 파악보다는 이성의 발동에 의한 외계의 인식과 종교적 명상에 의한 체인(體認)이 중심 과제가 되고 비의(秘儀)에 의한 실천 철학의 방대한 체계가 전개된다는 특징을 지닌다.

중국, 일본 등지에서는 태장계, 금강계의 양계 만다라가 동시에 발전, 전개되었으나 티베트의 만다라에는 태장계 만다라는 없고 금강계 만다라만 발전되고 있어 여기서도 감성의 중요성을 강조하고 있는 티베트 만다라의 특성을 살필 수 있다.

금강계 만다라의 구조를 보면 그 중심이 되는 부분이 다음과 같은 금강계 37존상에 의하여 구성되어 있다.

- 금강계 5불
비로자나불(毘盧遮那佛), 아촉불(阿閦佛), 보생불(寶生佛), 아미타불(阿彌陀佛), 불공성취불(佛空成就佛)
- 16대 보살
아촉계:금강살타보살, 금강왕보살, 금강애(愛)보살, 금강희(喜)보살

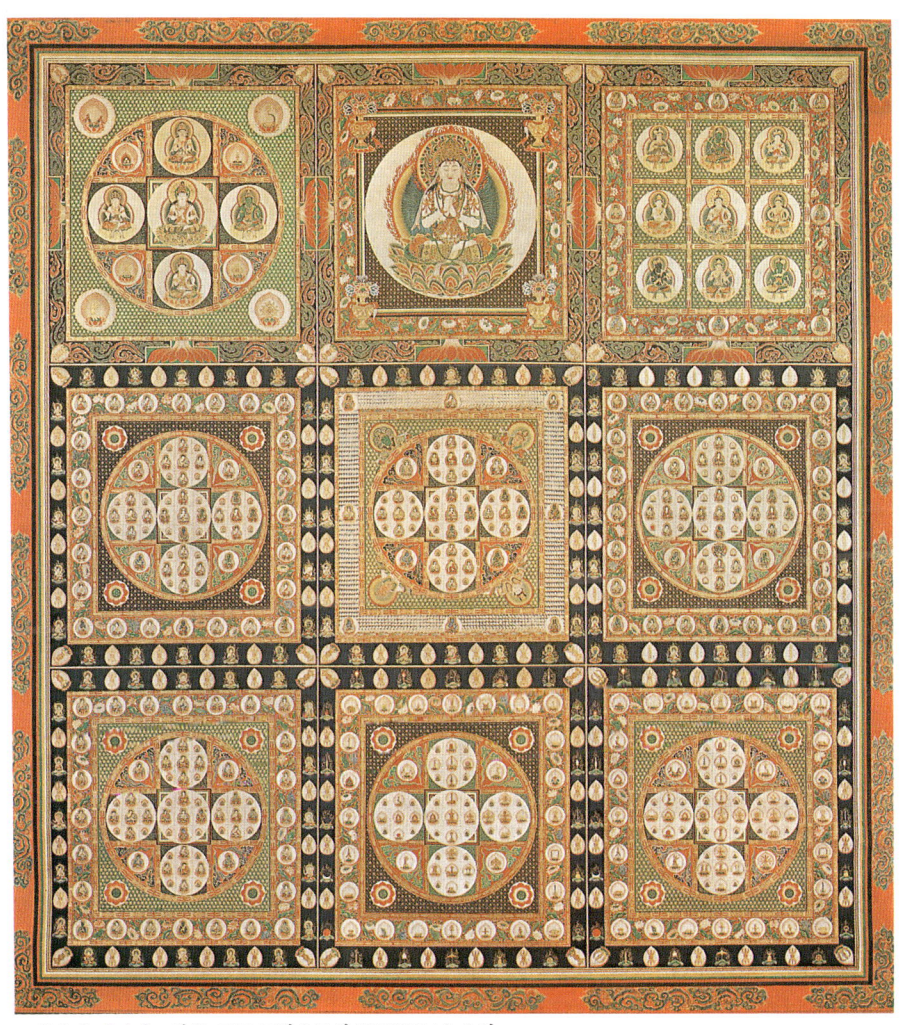

금강계 만다라 일본 교토 교왕호국사(敎王護國寺) 소장.

<table>
<tr><td></td><td>서</td><td></td></tr>
</table>

사인회 (四印會)	일인회 (一印會)	이취회 (理趣會)
공양회 (供養會)	성신회 (成身會)	항삼세회 (降三世會)
미세회 (微細會)	삼매야회 (三昧耶會)	항삼세삼매야회 (降三世三昧耶會)

남 ... 북

동

금강계 만다라의 9회(會) 배치도

보생계:금강보(寶)보살, 금강광(光)보살, 금강당(幢)보살, 금강소
(笑)보살

아미타계:금강법(法)보살, 금강이(利)보살, 금강인(因)보살, 금강
어(語)보살

불공성취계:금강업(業)보살, 금강호(護)보살, 금강아(牙)보살,
금강권(拳)보살

- 4바라밀(四波羅蜜) 보살

금강바라밀보살, 보(寶)바라밀보살, 법(法)바라밀보살, 갈마(羯
磨)바라밀보살

- 8공양 보살

안의 4공양 보살:금강희(嬉)보살, 금강만(鬘)보살, 금강가(歌)보살, 금강무(舞)보살

밖의 4공양 보살:금강향(香)보살, 금강화(華)보살, 금강등(燈)보살, 금강도(塗)보살

- 4섭(攝) 보살

금강구(鉤)보살, 금강색(索)보살, 금강쇄(鎖)보살, 금강령(鈴)보살

이상에서 금강계 만다라의 중추를 이루는 금강계 5불에 대하여 그 의미를 요약하면 다음과 같다.

만다라에서는 대우주에 해당하는 실재적 존재는 언제나 전체성으로서 표현된다. 그런데 그를 현상 속에 구체적으로 투영하기 위해서는 자기 한정이라 할 수 있는 개별화가 생겨난다. 금강계 5불이란 전체를 상징하는 대대일여래(大大日如來)가 스스로를 전개하며 협의의 대일여래를 중심으로 그 속성과 작용을 상징하는 4불을 다음과 같이 배치한 것이다.

중앙—비로자나불
동—아촉불——조복, 힘의 상징
남—보생불——재보, 행복의 상징
서—아미타불——지혜, 자비의 상징
북—불공성취불——작용, 이익의 상징

곧 동방의 아촉불은 전체적 불인 대일여래의 무한한 활동 가운데 말을 듣지 않는 나쁜 무리들을 자비의 입장에서 힐책하여 납득시키는 조복의 불이다. 입에는 쓰나 몸에는 좋은 약과 같은 부처이다.

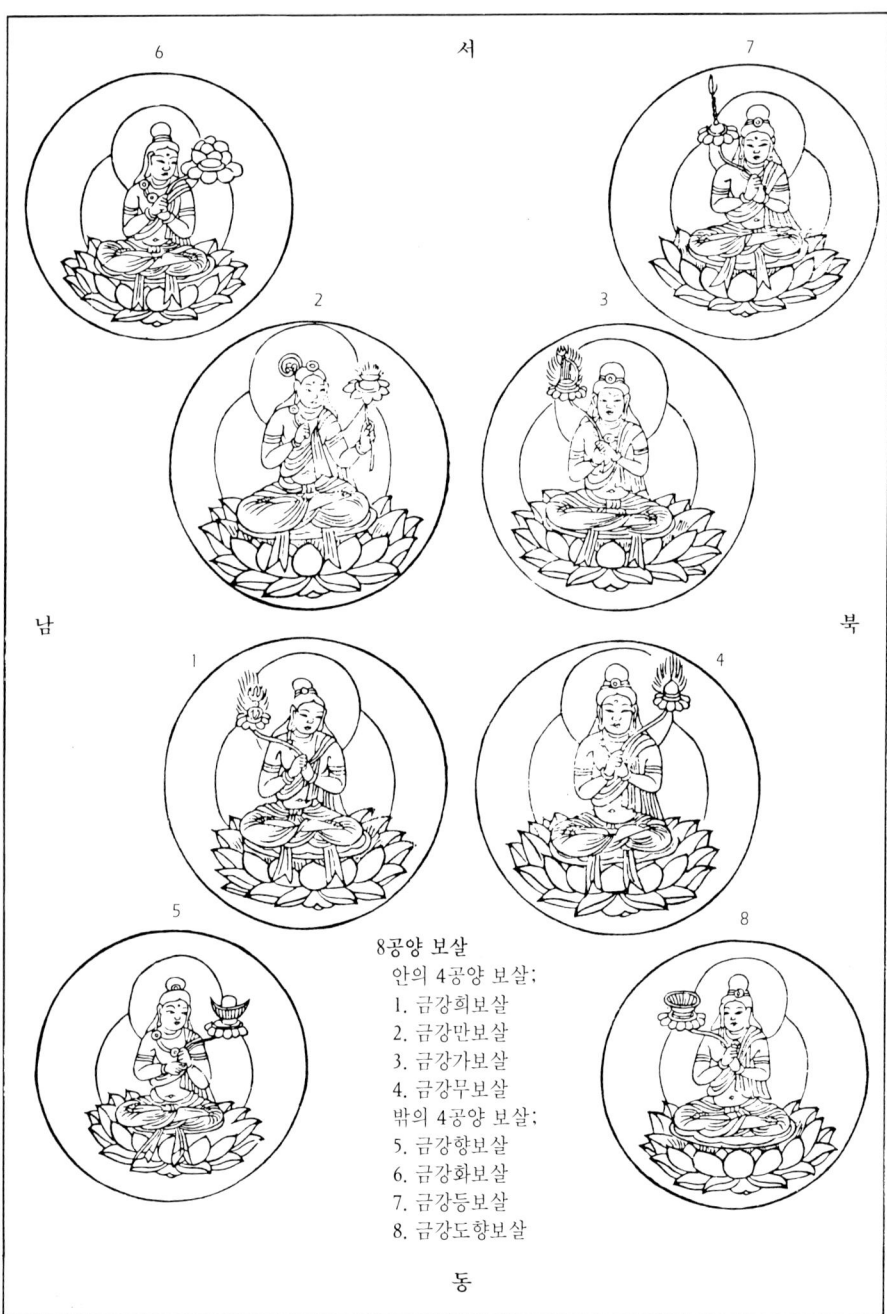

서

남

북

8공양 보살
안의 4공양 보살;
1. 금강희보살
2. 금강만보살
3. 금강가보살
4. 금강무보살
밖의 4공양 보살;
5. 금강향보살
6. 금강화보살
7. 금강등보살
8. 금강도향보살

동

다음에 남쪽을 담당하는 보생불은 그 명칭이 밝히고 있는 바와 같이 보배를 나게 하는 부처인 것이다. 만능의 대일여래라고 한다면 부나 재산을 산출하게 됨은 당연한 것이나 보생불은 그 기능만을 담당한다고 하는 한계성을 지닌다. 밀교에서는 허공장보살이나 지장보살도 광의의 재보를 산출하는 보살로 상징되기도 한다.

서방의 아미타불은 불가분의 관계에 있는 그 자식이라고도 할 만한 관세음보살의 활동적 기능을 고려한다면 자비라는 측면이 무시될 수 없으나 그보다 중요한 「금강정경」에 의한 아미타불은 지적 활동을 강조하고 있다.

최후의 '불공성취'라고 하는 어려운 이름을 가진 부처는 그 완성이 공(空)에 지나지 않는 것임을 나타내나 다시 말하면 반드시 성취하는 것이란 의미를 지닌다. 곧 여래의 활동과 공덕이 대단한 것임을 나타내는 부처이다. 그러므로 이 불공성취여래는 행위를 상징하는 것으로 알려져 있다.

이상과 같은 금강계 4불의 경우를 보면 득오의 시간적 과정을 밝힌 보당여래 등의 태장계 4불과는 날리 전체인 대일여래의 일부로서의 역할이 강조되고 있으며 태장계 만다리의 시간성에 대하여 금강세 만다라의 공간성이 대비되는 것이라 할 수 있다.

다음에는 대일여래를 제외한 금강계 4불의 주위를 4방으로 둘러싸고 있는 4위의 보살들은 그를 모두 합치면 16대 보살이 되는데 이를 전문적으로는 16대 보살이라 하고 있지만 이들은 아촉불 등 4대불의 활동을 다시금 세분하여 분장, 보좌하고 있는 보살들이라 할 수 있다. 예컨대 재보성을 특징으로 하는 보생여래에는 4방에 금강보, 금강광, 금강당, 금강소 보살인 4대 보살들이 둘러싸고 있으나 이들은 보배나 빛 등의 활동을 갖고 보생여래의 활동의 일부분을 담당하고 있는 것임을 나타내고 있음이 그와 같은 것이다.

「금강정경」에 의하면 16대 보살은 밀교 이전의 보살명을 지니고 있는데 참고로 그를 소개하면 다음과 같다.

1. 금강살타보살—보현보살
2. 금강왕보살—불공왕(不空王)보살
3. 금강애보살—마라(魔羅)보살
4. 금강희보살—극희왕(極喜王)보살
5. 금강보보살—허공장(虛空藏)보살
6. 금강광보살—대위광(大威光)보살
7. 금강당보살—보당(寶幢)보살
8. 금강소보살—상희열근(常喜悅根)보살
9. 금강법보살—관자재(觀自在)보살
10. 금강리보살—문수(文殊)보살
11. 금강인보살—발심전법륜(發心轉法輪)보살
12. 금강어보살—무언(無言)보살
13. 금강업보살—일체여래비수갈마(一切如來毘首羯磨)보살
14. 금강호보살—난적정진(難敵精進)보살
15. 금강아보살—추일체마(推一切魔)보살
16. 금강거보살—일체여래권(一切如來拳)보살

이상의 16대 보살을 회사의 조직 체계에 비유하여 본다면 금강계의 4불들이 총무부, 업무부 등의 각 부장이라면 그 밑에 16대 보살은 과장의 역할을 다하고 있는 것이라 할 수 있다. 그리고 중존의 대일여래가 사장이며 이렇게 하여 금강계 만다라 전체가 회사 조직 그 자체임을 알게 된다.

금강계 37존상 가운데에 8공양 보살과 4섭 보살에 관해서는 이미 앞에서 소개한 바 있지만 8공양 보살은 성스러운 부처님께 꽃이나

음악 등을 올리는 역할을 상징한 존상들이다. 그런데 이들 8공양 보살은 안의 4공양 보살과 밖의 4공양 보살의 두 가지로 분류되나 그 존상명과 그들 각각의 삼매야형은 다음과 같다.

안의 4공양 보살
　금강희(金剛嬉)보살— 삼고저(三鈷杵)—내원동남(內院東南)
　금강만(金剛鬘)보살— 보만(寶鬘, 寶輪)—내원남서(內院南西)
　금강가(金剛歌)보살— 금강공후(金剛箜篌, 樂器)—내원서북 (內院西北)
　금강무(金剛舞)보살— 갈마저(羯磨杵, 十字金剛杵)—내원북동 (內院北東)
밖의 4공양 보살
　금강향(金剛香)보살—향로—외원동남(外院東南)
　금강화(金剛華)보살—성화기(盛花器)—외원남서(外院南西)
　금강등(金剛燈)보살—등촉—외원서북(外院西北)
　금강도향(金剛塗香)보살—도향기(塗香器)—외원북동(外院北 東)

　이상을 교학적으로 말하면 아촉불을 비롯한 4불이 중존 대일여래를 공양하기 위하여 출생한 것이 안의 4공양 보살이며, 대일여래가 4불을 공양하기 위하여 출생한 것이 밖의 4공양 보살이라 할 수 있다. 그리고 금강계 만다라에는 안의 4공양 보살이 대원륜(大円輪)을 포함한 중원의 4우(隅)에, 밖의 4공양 보살이 그를 둘러싼 외원(外院)의 4우에 배치되는데 이의 방위를 보면 위와 같다.
　한편 금강 구(鉤), 색(索), 쇄(鎖), 령(鈴)의 순서로 호칭되는 4섭 보살은 4섭판(涉版) 보살이라고도 하는데 교의적으로는 대일여래의 넉을 섭취한 보살이라 하고 있으나 비유로서는 고기를 잡는

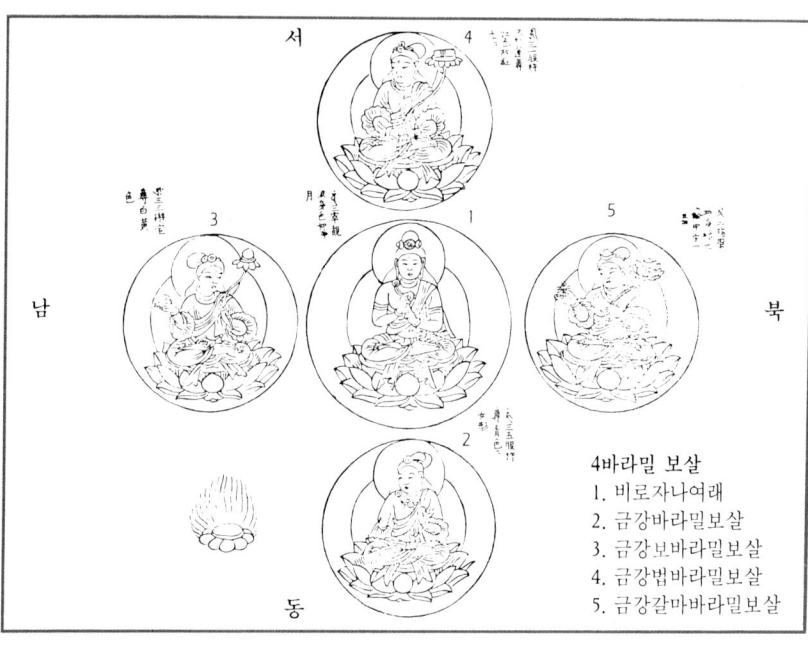

서

북

남

동

4바라밀 보살
1. 비로자나여래
2. 금강바라밀보살
3. 금강보바라밀보살
4. 금강법바라밀보살
5. 금강갈마바라밀보살

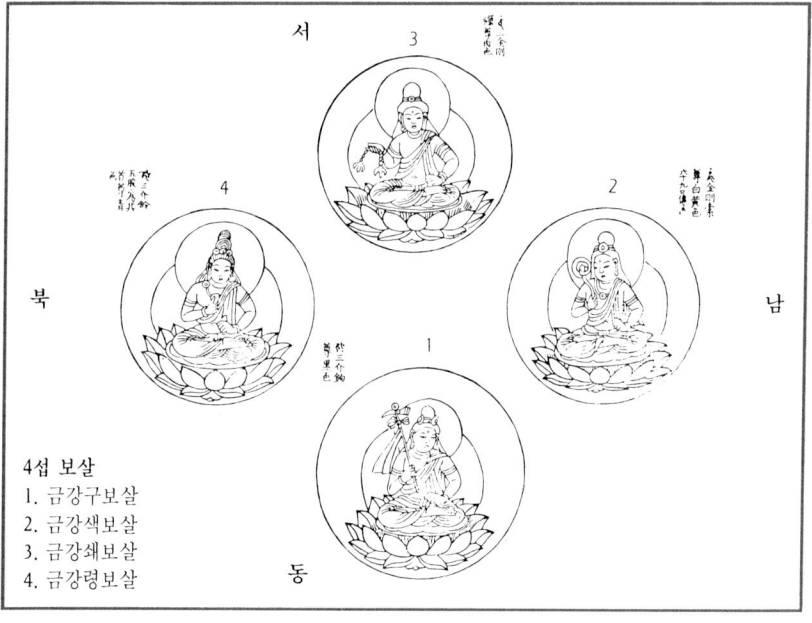

서

북

남

동

4섭 보살
1. 금강구보살
2. 금강색보살
3. 금강쇄보살
4. 금강령보살

데 이를 비유하여 중생을 제도하는 모습을 설하고 있다. 곧 물건을
잡아당기는 갈고리로 끌어당기고, 매는 새끼줄로 붙들어, 쇠사슬로
꽉 잠가 마지막에 방울로 상대를 즐겁게 한다는 것이다. 그 존상명
과 방위와 삼매야형을 소개하면 다음과 같다.

금강구보살—외원동(外院東)—갈고리
금강색보살—외원남(外院南)—새끼줄
금강쇄보살—외원서(外院西)—쇠사슬
금강령보살—외원북(外院北)—방울

이상 4섭 보살의 기능은 만다라의 세계를 지키는 역할을 담당하
는 것이다.

불교에 있어 이같은 수호의 기능은 사천왕이 전문적으로 담당하
여 왔으나 밀교의 만다라에 있어서는 상징적 의미를 지니는 이상과
같은 수호의 보살이 너욱 많이 생거나게 되었음을 주목할 필요기
있나. 왜냐하면 오늘에 전하는 우리나라 불화에서 수호의 기능은
대체로 사천왕이 담당하고 있으나 신중 탱화 등에서는 금강색보살
등의 신중상이 도설되고 있기 때문이다.

마지막으로 남은 것은 4바라밀 보살이다. 이들은 원래 각 4불과
그들 특유의 상징물 예컨대 연꽃이나 금강저 등이었으나 점차 여성
적인 보살로서 모습과 형태를 갖추어 갔다. 그리하여 이들이 결과적
으로는 대일여래의 4방에 배치되어졌다. 이들은 대일여래의 비서격
이라 하여도 무방할 것이다. 아래에서 이들의 존상명과 방위, 삼매야
형을 소개하면 다음과 같다.

금강바라밀보살—동—오고저(五鈷杵)
보바라밀보살—남—보주(寶珠)

법바라밀보살—서—독고저(獨鈷杵)에 탄 미개부련화(未開敷蓮華)

갈마(羯磨)바라밀보살—북—갈마저(羯磨杵)

이상과 같이 금강계 만다라의 37존상은 대단한 조직 체계를 갖춘 질서의 세계를 나타내고 있는 것이다.

이상은 금강계 만다라의 중심을 이루는 성신회(成身會) 또는 갈마회(羯磨會)를 중심으로 그 구조적 성격을 파악해 보았으나 금강계 만다라의 전체 구조는 태장계 만다라가 12원으로 나누어져 중앙에서 외곽으로 뻗는 동심원적(同心円的) 힘의 발전을 지향하고 있었음에 반하여 금강계 만다라는 9회(九會) 만다라라 하여 전체가 9개의 방형에 등분되어진다.

앞에서 살핀 금강계 37존상을 중심으로 한 만다라는 그것만으로 금강계 만다라를 이루기도 하고, 한편 이같은 금강계 만다라를 중심으로 하여 다른 8회(會)의 만다라를 합쳐 아홉 부분으로 된 금강계 만다라를 이루기도 한다. 여기 전자를 1회 만다라라 하고 후자를 9회 만다라라 하는데 티베트, 인도의 금강계 만다라는 1회 만다라가 주류를 이루고 9회 만다라는 중국의 금강계 만다라가 주류를 이룬다. 일본의 경우를 보면 중국의 영향을 많이 받은 천태 밀교(天台密教)에서는 9회 만다라가 발달하고, 진언 밀교에서는 1회 만다라가 발달하였다. 그러나 양계 만다라라 하여 태장계 만다라에 대칭되는 만다라는 9회 만다라를 가리키는 경우가 많다.

아래에서 9회 만다라의 구조와 성격에 대하여 살펴보기로 한다.

갈마회(成身會 또는 根本會)

금강계 만다라의 중심을 이루는 것으로 밀교적 세계를 존상(구체적 모습)으로 표현한 조직적 체계라 할 수 있다. 여기 등장하는

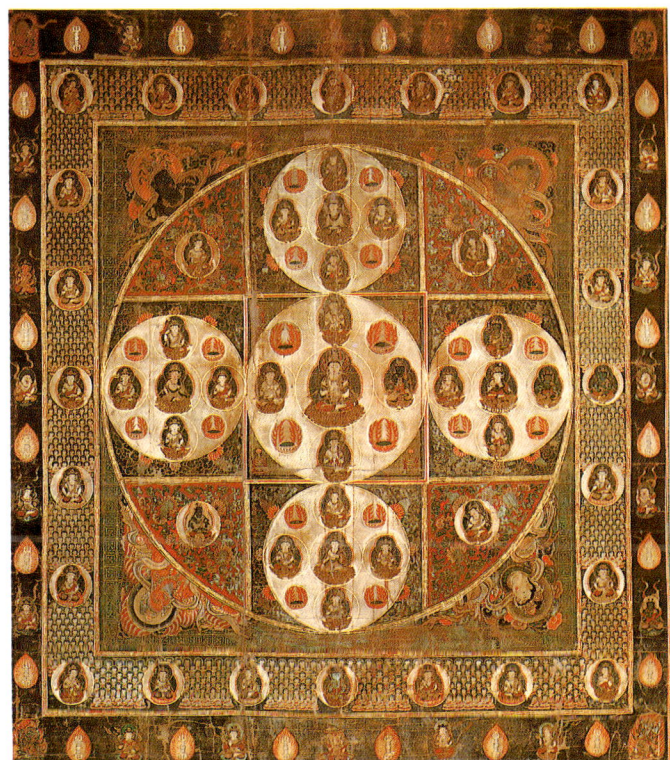

갈마회(성신회) 만다라 일본 나라박물관 소장. 무로마치(室町)시대. 2폭(169.0×135.0센티미터).

西

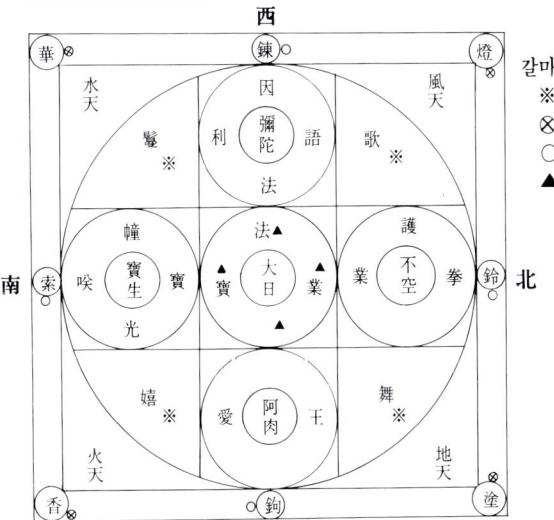

南 　 北

東

갈마회 명칭도
※ 안의 4공양 보살
⊗ 밖의 4공양 보살
○ 4섭지(攝智) 보살
▲ 4친근(親近) 보살

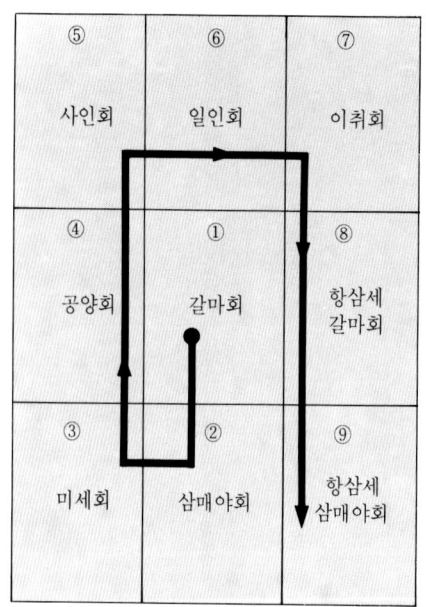
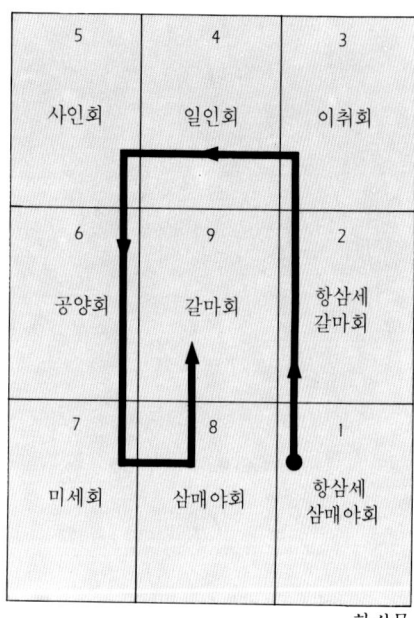

⑤	⑥	⑦
사인회	일인회	이취회
④	①	⑧
공양회	갈마회	항삼세 갈마회
③	②	⑨
미세회	삼매야회	항삼세 삼매야회

향하문

5	4	3
사인회	일인회	이취회
6	9	2
공양회	갈마회	항삼세 갈마회
7	8	1
미세회	삼매야회	항삼세 삼매야회

향상문

금강계 9회 만다라의 구조와 힘의 흐름

존상의 수는 앞에서 살핀 1회 만다라의 37존말고 5불(佛)의 세계를 표현하는 오지륜, 4우(隅)에서 받치는 지, 수, 화, 풍의 4대신(大身), 최외주(最外周)를 수호하는 나라자천(那羅遮天), 범천(梵天), 제석천, 성천(聖天) 등 외금강부의 20천과 불의 상반신만을 작게 표현한 현겁(賢劫)의 천불 등 모두 1061존으로 구성되어 있다.

성신회는 갈마회라고도 하는데 갈마란 말할 것도 없이 Karma (業)의 음사이므로 이 회처(會處)의 중심 이념은 활동에 있음을 알게 된다.

앞의 9회 만다라의 구성도에서 원 속에 수치를 밝힌 것과 그냥 수치를 밝힌 두 가지가 있었음을 주목할 필요가 있다. 왜냐하면 이들 두 가지의 주목 방법이 금강계 만다라를 보는 전통적 해석의 하나로서 1에서 9까지와 ①에서 ⑨까지의 두 조직에 의하여 금강계 만다라(9회 만다라)의 구조를 이해할 수 있기 때문이다. 여기 1에서 9는 위로 점차 상승, 전개하는 힘을 나타내어 상전문(上轉門)이라 하고, ①에서 ⑨는 중심에서 선회하여 아래로 향하는 하향(下向)의 힘의 전개를 나타내어 하전문(下轉門)이라 한다. 여기 전자는 범부의 마음에서 불과(佛果)에 향하는 종인향과(從因向果)를 나타낸 상향문(上向門)이라 하고 후자는 종과향인(從果向因)을 나타낸 하향문(下向門)이라 한다.

그런데 9회 만다라에서 성신회 또는 갈마회는 향하문에 있어서는 모든 힘의 출발점임과 동시에 향상문에 있어서는 모든 힘의 종착점이 된다. 갈마회의 명칭은 향하문 곧 힘의 출발점이 중심이 된다는 의미에서의 명칭이고 성신회라 하였을 때에는 힘의 종착점인 향상문의 경우에 붙여진 곧 불신(佛身)이 성취되는 회처의 의미를 지닌다. 어떻든 9회 만다라 가운데 갈마회(성신회)가 가장 중요한 부분이 됨은 말할 나위기 없다. 그리하여 이 회를 근본회라고 한다.

이 근본회는 큰 원과 그 원에 내접하는 5개의 작은 원으로 되어 있다. 여기 큰 원은 중생심을 나타내고 또한 그대로가 5불의 주처(住處)인 보루각(寶樓閣)을 나타내고 있다. 여기에 내접하는 5개의 작은 원은 5해탈륜이라 하여 5지(智), 5불(佛)을 나타낸다. 한편 그 안의 동심(同心)의 작은 원에는 대일, 아촉, 보생, 미타, 불공성취의 5불이 묘사되어 있는데 이를 5월륜(月輪)이라 한다.

5해탈륜 안의 동심원에는 모두가 5불을 표현하고 있고 이들 5불은 각각 5지를 구현하고 있는 것이라 하겠으나 그 중심은 말할 것도 없이 중앙의 대일여래이다. 그리하여 이들 5불의 4방에는 명칭이 다른 4보살이 표현되어 있다. 이들 보살을 4친근(親近) 보살이라 하고 중앙의 대일여래, 그 밖의 4불에 부속하는 4보살들을 4바라밀이라 한다. 따라서 4불, 16대 보살이 5해탈륜과 그 안에 묘사된 5월륜 속에 대일여래를 중심으로 묘사되어 있다.

이상의 4바라밀은 각각 불지(佛智)의 활동을 상징하고 있는 것이라 생각되나 중앙의 대일여래의 해탈륜에 내접하는 곳의 바라밀 보살은 대일여래의 바라밀 보살과 동일한 것이며 이들 보살을 통하여 중앙의 힘이 밖으로 향하여 유출하는 구조를 취하고 있음을 알게 된다.

4바라밀은 중앙의 대일여래의 지혜가 구체적으로 4불로서 발동하기 위한 계기 또는 촉매의 역할과 같은 것이다. 한편 이들 원의 여백의 네 모퉁이에 묘사된 희, 만, 가, 무의 4보살은 4불의 공양에 응하기 위하여 대일여래가 4불에 공양하는 것으로 나타낸 안의 4공(供)이라 말하는 보살들이다.

이상과 같이 하여 개별적으로 발동된 지(智)는 다시 대일여래라고 하는 보편적 이성 또는 하나의 인격 속에 통일되는 것이다. 4친근 보살이나 16대 보살에 비하여 공양 보살 등의 이들 보살들을 표현하는 명칭이 보다 감성적 표현을 지니고 있음에 주목할 필요가 있다. 왜냐하면 이는 인격적 통일에 필요한 감성(感性)의 중요성을 밀교가 너무나 잘 파악하고 있었던 것이라 생각되기 때문이다.

지금까지 갈마회의 중심 부분이 되는 제1중(重)을 살펴보았으며 다음에는 그 외방이 되는 제2중을 살펴보면 먼저 네 모퉁이에 배치된 4보살을 밖의 4공(供)이라 하고 이는 4불이 대일여래에 행하는 공양을 뜻한다고 한다. 이 밖의 4공에는 4방의 4문에 구, 색, 쇄, 령의 4보살이 묘사되는데 이는 4섭지의 보살이라 하고 대일여래가 다시 4불을 공양하기 위하여 시현한 것이다.

위에서 본 바와 같은 상호 공양의 상관 관계는 앞의 9회도의 구성도에서 살핀 바와 같이 4친근 보살, 4바라밀 보살, 4섭지 보살 등 대일여래와 4불, 4지의 본체와 그 각각 상(相)의 발현의 사이에 여러 가지 구체적 매체가 있고, 매체를 통하여 본체와 각각 상의 재통일을 하려는 구성을 지니고 있다.

갈마회의 중심을 이루는 것은 이상의 제2중 속에 묘사된 금강계의 37존상으로, 이 37존상에서 제3중의 외금강에 유출하는 다수의 제불, 제보살, 제천, 명비(明妃) 등을 합하여 1061존이 묘사되어 있다고 함은 앞에서 말한 바와 같다.

위에서 보면 갈마회는 금강계 만다라의 한 구성 요소에 지나지 않는 것으로 보이나 기본적 구조는 그 자체가 완결되어 있어 그것만으로도 금강계 만다라를 이루기도 한다. 그리고 이는 태장계 만다라의 구성을 이념적으로 계승하고 있는 점이 발견되나 정신 활동의 개별성과 그 인격적 통일을 밝히고 있다는 점에서 더욱 발전된 구성이 엿보인다.

이상과 같은 의미로 갈마회는 참으로 근본회이며 금강계 9회 만다라의 중심이 되는 것이라 할 수 있다. 곧 이는 모든 인격 활동의 중심인 중생심의 실성이며 그것이 인격의 본바탕인 보편적, 이성(대일여래)의 경계를 나타내고 있는 것이라 할 수 있다.

삼매야회(三昧耶會)

앞의 성신회 또는 갈마회를 제존상의 활동적 기능을 상징하는 지물(三昧耶形) 등으로 표현한 것이다. 곧 구체적으로는 불, 보살 모습 대신 보탑(寶塔)이나 갈마저, 연꽃 등이 소월륜(小月輪) 속에 화염(火炎)과 더불어 아름답게 표현되어 있다. 등장하는 존상의 수는 지, 수, 화, 풍의 4대신이 없고 또한 현겁의 천불에 대신하여 그 대표라 할 만한 미륵보살 불공견(不空見)보살 등의 현겁의 16대 보살이 표현되어 합계 73존으로 되어 있다. 그리고 이 회의 근본 쥐지는 여래의 중생 섭화라는 본서(本誓)를 밝히는 것이다.

미세회(微細會)

제존상은 미세한 3탈저(三脫杵) 속에 주(住)하고 미세한 지(智)를 표현한 것이라 하겠는데 이는 불법의 개별적인 발현이라 할 수 있다. 중앙에 위치하는 37존은 작은 금강저의 광배를 지니는데 이는 성신회를 문자 또는 소리로 표현하고자 한 것이다. 이를 다른 말로 하면 성적(聖的)인 것과 파장을 합쳐서 공명(共鳴)하는 진동(vibration)의 세계라 할 수 있다. 존상의 수는 삼매야회와 같이 73존이다.

공양회(供養會)

제존이 여러 가지 본서를 상징하는 지물(三昧耶形)을 들어 5불을 공양하는 회(會)나 제불, 제보살의 상호 공양은 갈마회에 있어 상호 공양의 반복이라 하여도 무방하다.

5불 이외의 제존은 여성의 모습으로 표현하고 있다. 곧 16대 보살 등의 제존은 수구(袖口)를 좁힌 갈마의(羯磨衣)라 일컫는 장수풍(長袖風)의 상의를 입고 있으나 이는 여성임을 나타내는 증거이다. 한편 이 회는 성신회 또는 갈마회의 내용을 제존의 활동 또는 힘으로 표현한 것으로 구체적으로는 각자의 상징물을 연꽃 위에 올려놓고 그를 받든 모습을 취하고 있다.

이상의 4회는 대만다라, 삼매야 만다라, 법만다라, 갈마 만다라로서 각기 전체, 상징, 이성(法), 행동을 별설한 만다라라 할 수 있다.

사인회(四印會)

이상의 별설된 4만다라가 4불을 나타내고 또한 그 4만다라, 4지, 4불이 일체임을 나타낸다.

한편 성신회를 간략화하여 대표적 존상만으로 표현한 것이 사인회라 할 수 있다. 곧 5불 가운데 대일여래, 16대 보살 가운데 각

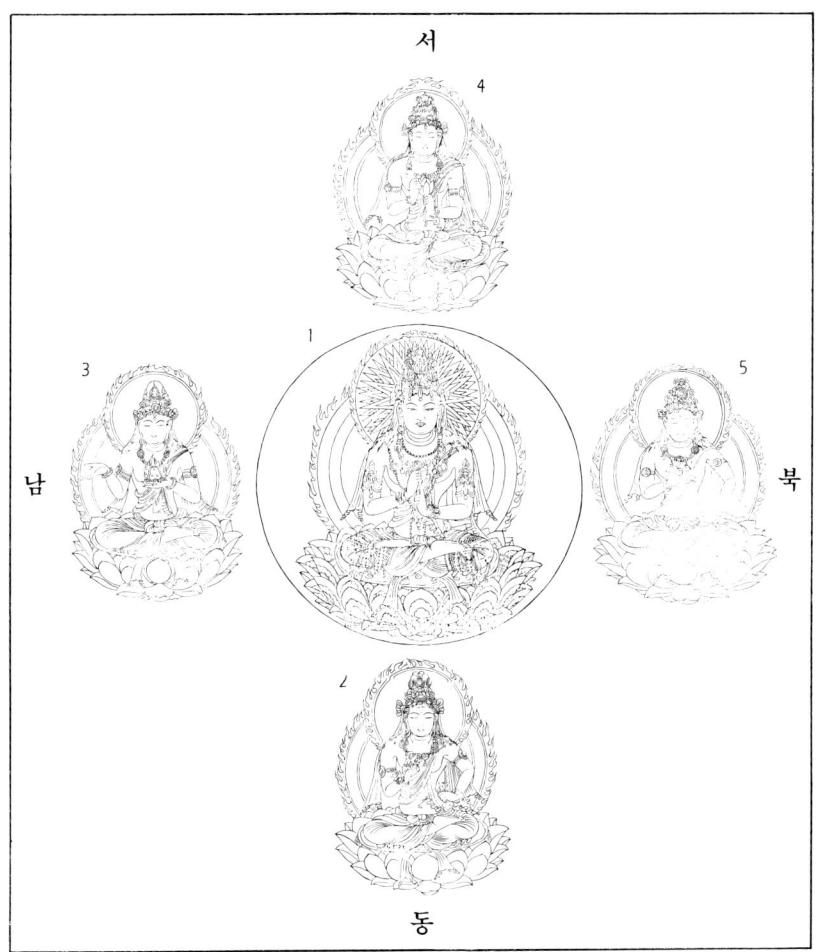

서

4

1

3

5

남

북

2

동

사인회   1. 대일여래 2. 금강살타보살 3. 금강보보살 4. 금강법보살 5. 금강업보살

방위의 대표격인 금강살타보살(동방), 금강보보살(남방), 금강법보
살(서방), 금강업보살(북방)이라는 4보살만을 배치하고 있다. 제존
간부 회의와 같은 성격을 지닌다. 이 밖에 네 모퉁이에 4바라밀
보살의, 또한 대원륜외의 네 모퉁이에는 안의 4공양 보살의 지물을
배열하고 있으므로 모두 13존이 된다.

일인회(一印會)

일인 곧 대일여래의 지권인을 나타낸다. 이 좌우의 권이 합치는 수인(手印)에 의하여 중생과 부처의 일체성, 즉신성불(即身成佛)의 이상을 나타낸다. 성신회(갈마회)를 일존 곧 본존의 대일여래만 표현한 것이라 할 수 있다. 이 일인회에 이르러 이상의 5회까지의 전개가 모두 통일되고 중심적인 대일여래에 귀일한다.

이취회(理趣會)

이 회는 사람들의 감성의 본질에 바탕한 이성을 나타낸다. 이취는 반야 곧 진실지의 극치를 나타낸 말인데 진실된 지혜는 욕(欲), 촉(觸), 애(愛), 만(慢) 등과 같은 번뇌 속에도 예외 없이 잠재하고 있어 번뇌 곧 보리의 이상을 나타낸 것이라 할 수 있다.

한편 금강계 만다라의 가르침을 번뇌 곧 보리의 보살인 금강살타 보살 등으로 나타내고 이 회에서는 대일여래가 등장하지 않는다. 말하자면 잠시 외부 출향을 하고 있는 셈이다.

9분할된 중앙의 금강살타보살을 둘러싼 것은 욕, 촉, 애, 만의 4 금강 보살(4방)과 그 여성형인 4금강녀(4우)이다. 4금강녀는 밖의 4공양 보살과 동체시된다. 그것은 인도의 애나 욕의 신들과 같은 계열의 것이며 외주의 방형에는 4우에 안의 4공양 보살이, 4변 (邊)의 중앙에는 4섭 보살이 위치하는 모두 17존의 만다라이다.

항삼세회(降三世會)

이취회의 금강살타보살은 감성상의 번뇌에 대치한 것이라면 이 회에서의 금강살타는 항삼세명왕(降三世明王)으로 모습을 바꾸어 의지의 힘을 강력히 나타낸다. 예컨대 대치(代置)의 대상은 발 밑에 밟고 있는 모습을 나타내고 있는 것 등이 그와 같은 것이다.

이상은 불법을 잘 따르지 않는 중생을 위하여 분노, 항복의 존상

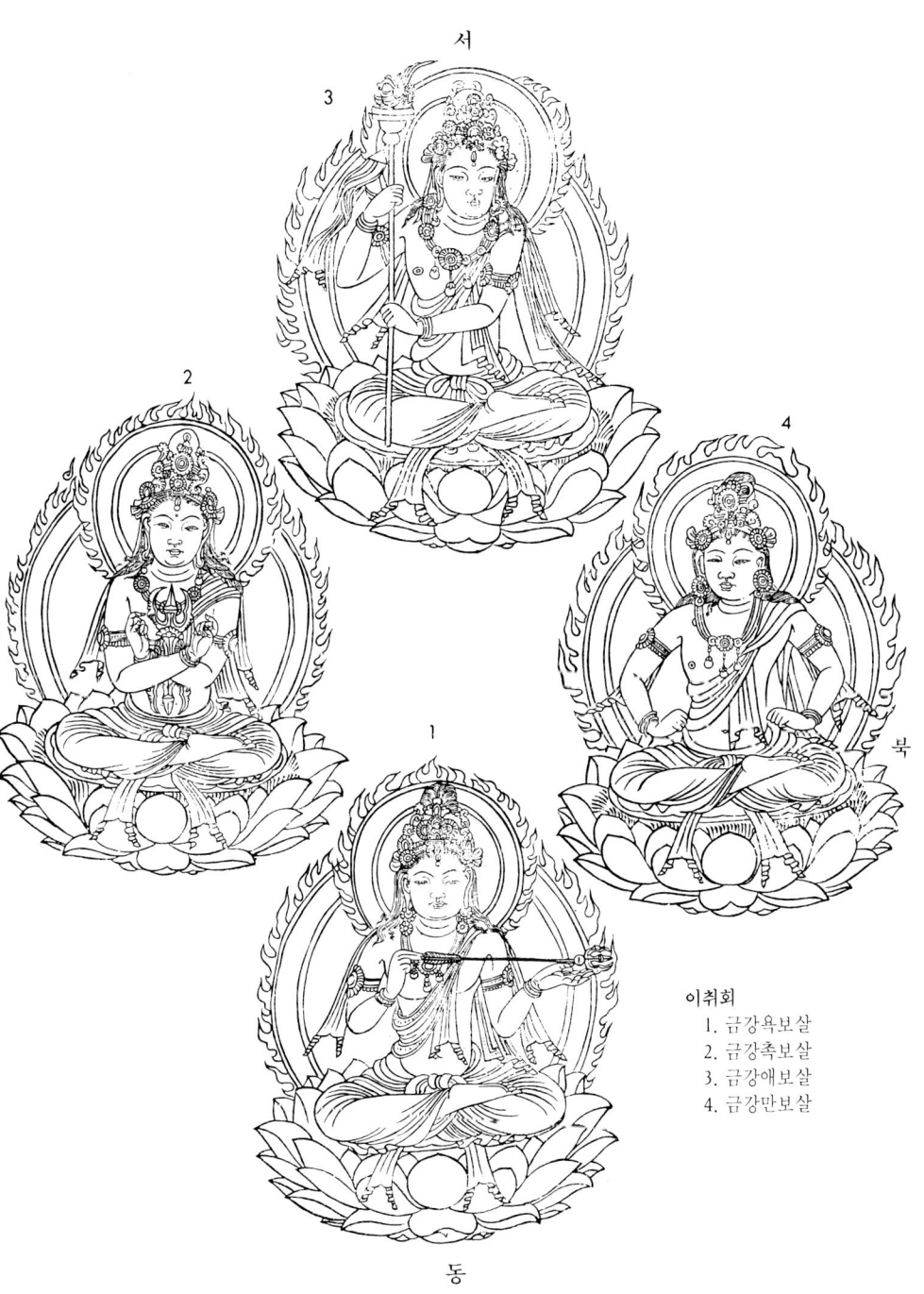

서

3

2

4

북

1

동

이취회
1. 금강욕보살
2. 금강촉보살
3. 금강애보살
4. 금강만보살

항삼세명왕을 표현한 것이다. 성신회 등에서의 금강살타보살의 기능
이 무서운 항삼세명왕으로 바뀌어 있는 셈이다. 여기에 표현되는
각 존상은 양손을 가슴에 교차하는 분노상을 취하고 있는데 이같은
만다라는 진리가 갖는 실천적 지향 의지의 활동을 나타내고 있는
것이다.

항삼세회
1. 아촉여래
2. 금강살타보살
3. 금강왕보살
4. 금강희보살
5. 금강애보살

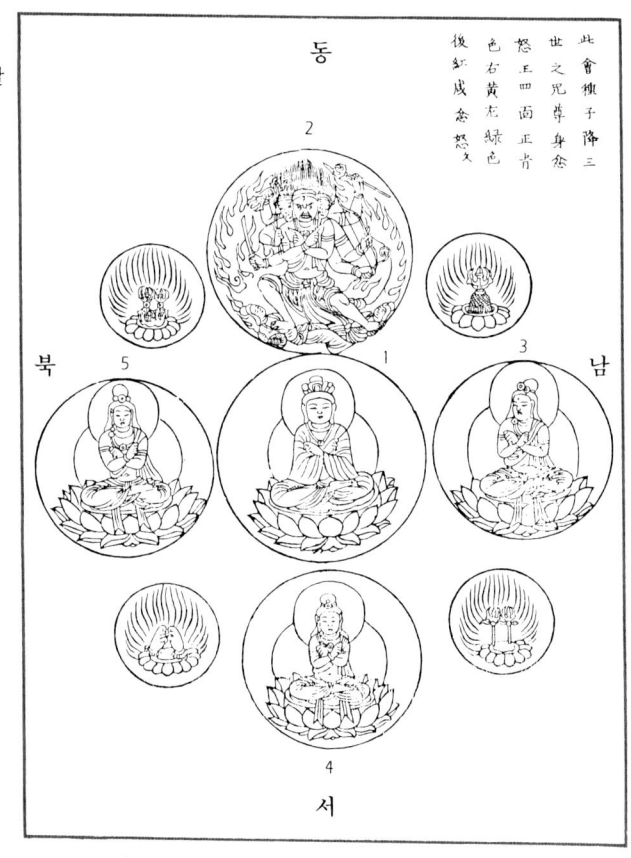

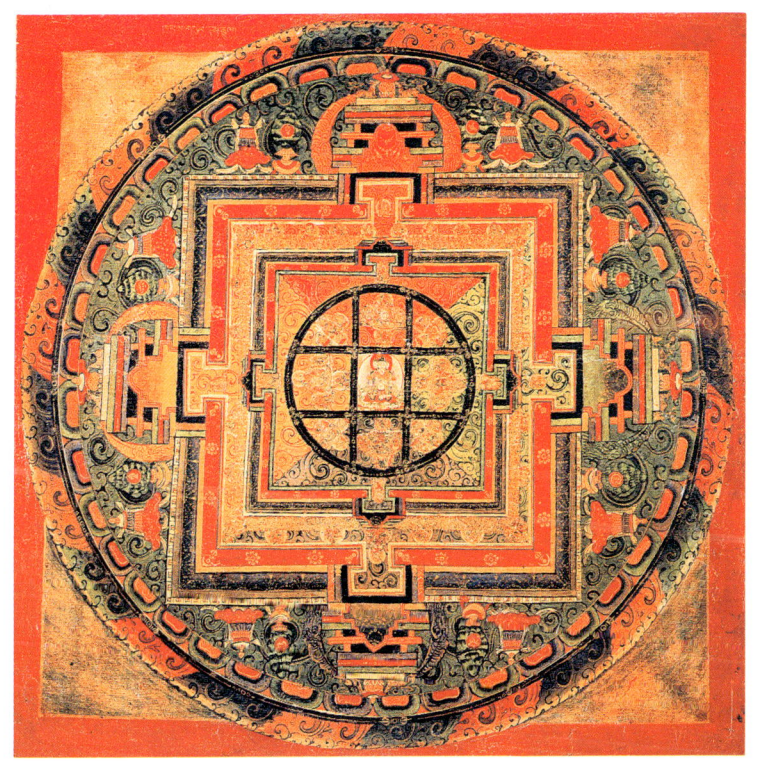

항삼세(降三世) 1037존 만다라   중존은 대일여래이며 상징으로 묘사된 4녀존(女尊:심 금강녀, 보금강녀, 법금강녀, 법금강녀)이 대일을 둘러싸고 있다.

항삼세 삼매야회(降三世三昧耶會)

항삼세회는 대치의 대상을 만나 밖으로 나타난 의지의 힘이 활동하는 것임에 반하여 이 회는 의지의 힘이 침잠하여 안으로 비장되는 화타(化他)에 대한 자증심(自證心)의 활동을 나타낸다.

앞에서 말한 항삼세회를, 제존의 활동을 상징한 지물로서 표현한 것이다.

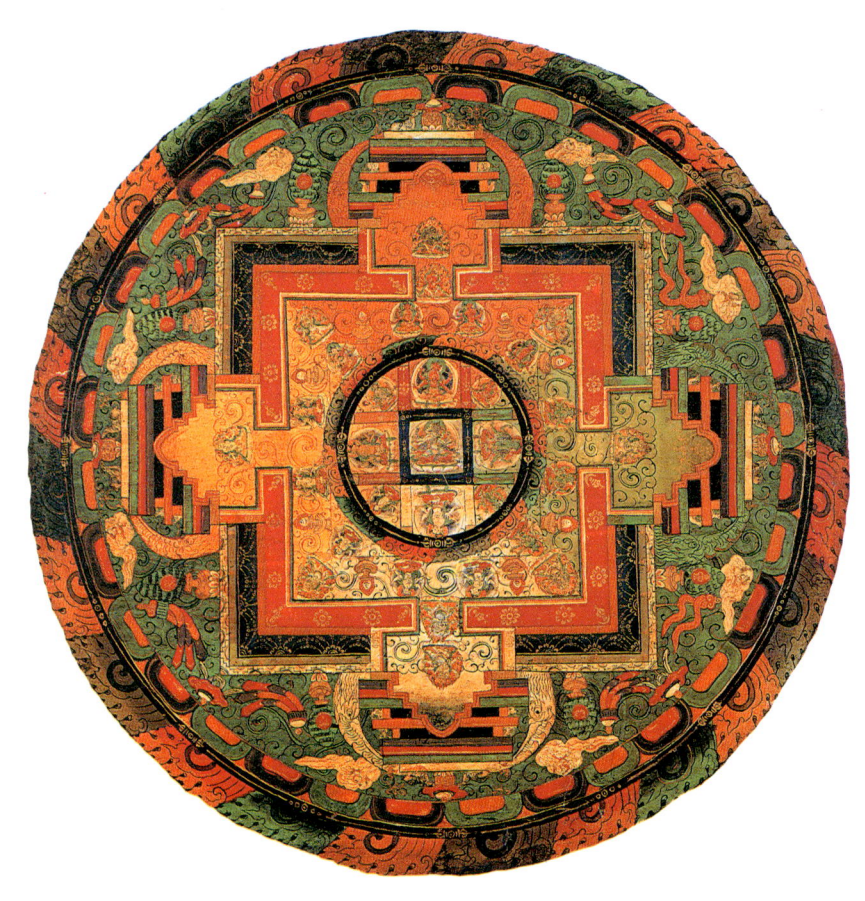

마루파(Mar-pa)류 비밀집회아촉금강(祕密集會阿閦金剛) 32존 만다라   중존은 금강지
(金剛持)보살과 그의 비(妃)인 촉금강녀(觸金剛女)이다. 내진(內陣)의 4각(角)에는
욕망을 상징하는 4공양녀존(四供養女尊 : 색, 성, 향, 미금강녀)이 있으며 외원(外院)
에는 8보살(미륵, 지장, 금강수, 허공장, 세자재, 문수, 제개장, 보현)이 있다.

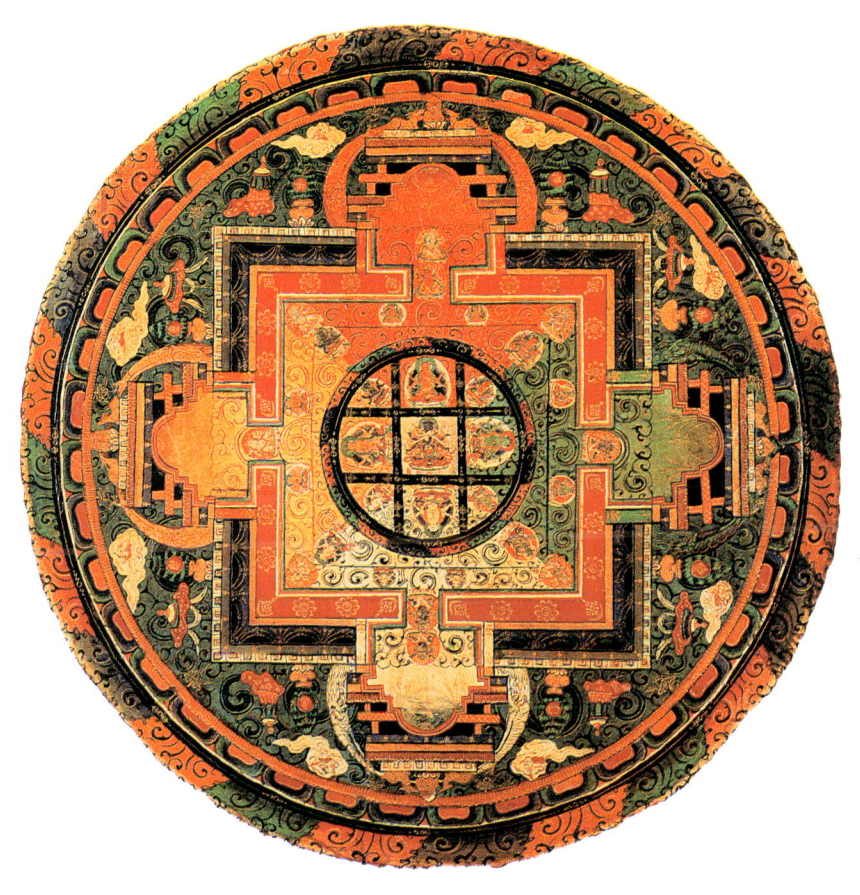

고르(Ngor)유파 비밀집회아축금강(祕密集會阿閦金剛) 32존 만다라 마루파류의 비밀집
회아축금강 32존 만다라와 마찬가지로 중존은 금강지부 살과 그의 비인 촉금강녀이
나. 내진의 각에는 욕망을 상징하는 4공양녀존이 있으며, 외원에는 8보살이 있다.

이상의 9회 만다라는 그 하나하나의 회가 만다라의 구조를 지니기도 하지만 전체적으로 보아도 하나의 흐름을 지니고 있는 체계를 형성하고 있다. 금강계 만다라의 방위는 태장계 만다라와는 반대로 하방이 동방에 해당하는데 이는 본존을 향하여 오른쪽에 태장계 만다라를, 왼쪽에 금강계 만다라를 거는 습관에서 생긴 것이라 할 수 있다.

　앞에서도 살핀 바 있지만 9회 금강계 만다라의 가장 큰 특색은 태장계 만다라와는 달리 같은 불, 보살이 몇 번이나 모습을 바꾸어 등장하는 것이다. 이는 마치 연극에 있어 장면이 바뀌어도 같은 배역이 복장만 바꾸어 등장하는 것과 같다. 변장을 한 공식적인 장면도 있고 분노의 모습을 나타낸 장면도 있으며 배역의 수를 훨씬 줄인 경우도 있다. 이렇게 보면 9회 만다라(금강계 만다라)는 희로애락이 교차된 드라마의 세계라 함직하다.

　끝으로 금강계 만다라의 표준형이 9회 만다라를 전체적으로 살핀다면 여기에는 이중의 흐름이 관찰된다. 그 하나는 중앙의 성신회(이 경우에는 갈마회라 한다)에서 시작하며 삼매야회, 미세회, 공양회, 사인회, 일인회, 이취회, 항삼세회로 우회하여 최후로 항삼세삼매야회까지 전개되는 향하문과 다른 하나는 역으로 항삼세삼매야회에서 시작하여 좌회하여 상승하는 향상문이 그것이다. 여기 전자는 불, 보살에 의하여 구제된다고 하는 구제론적 과정을 교의적으로 설명한 것이며 후자는 밀교의 수행에 의하여 일상적 세속적인 세계에서 부처에 의하여 상징되는 성적인 세계에의 이행을 나타내고 있다. 여기서도 순(順), 역(逆)이라고 하는 두 가지 흐름이 확인되어지나 어떤 것이든 만다라에 있어 과정이라는 것이 불가결의 것임을 일러 주고 있는 셈이다.

　금강계 만다라뿐 아니라 태장계 만다라에도 이같은 성, 속의 흐름이 존재하고 있는 것이며 만다라는 깨달음의 세계를 표현하고 있는 것이라 할 수 있다.

이상에서 9회 만다라와 성신회(갈마회)의 1회 만다라를 중심으로
금강계 만다라를 살펴보았으나 이같은 금강계 만다라는 7세기경
남인도에서 성립된 것으로 추정되는「금강정경」을 소의 경전으로
형성된 것이다. 다른 한편 밀교의 완성을 일러 주는「진실섭경(眞實
攝經)」에는 '금강계품(金剛界品)''항삼세품(降三世品)''편조복품
(遍調伏品)''일체의성취품(一切義成就品)'의 네 장품이 성립되어
여기에는 모두 28종의 만다라가 설해져 있으나 현실의 불화로서는
티베트에 있는 '다시 고망'탑 안의 벽화 만다라가 알려져 있을 따름
이다.

끝으로 금강계 만다라의 중심을 이루는 성신회의 5불을 중심으로
그 특징적 요소를 살펴보면 다음과 같다.

중심의 5불은 대일여래는 법계체성지(法界體性智), 아촉불은 대원
경지(大円鏡智), 보생불은 평등성지(平等性智), 아미타불은 묘관찰지
(妙觀察智), 불공성취불은 성소작시(成所作智)를 본성으로 하는
여래라 한다. 헌편 이를 색(色)으로 보면 아촉불의 청(靑)으로부터
시작하여 보생불의 황(黃), 아미타불의 적(赤), 불공성취불의 녹
(綠)을 지나 흰색의 대일여래에 이른다. 여기 흰색은 회구(繪具)의
흰색이 아니라 빛의 흰색이란 사실을 주목하지 않으면 안 된다.

별존 만다라와 현교적 만다라

별존 만다라

좁은 의미로 말하면 만다라란 밀교적 소산이다. 따라서 만다라 하면 밀교의 핵심 교리를 이(理)와 지(智)라는 측면에서 양극화시킨 태장계, 금강계의 양계 만다라가 만다라의 중심 개념을 이루는 것이라 할 수 있다. 또한 이상과 같은 밀교 전체의 본존적 역할을 담당하는 양계 만다라와 그 밖에 식재, 증익, 조복 등을 목적으로 밀교의 수법을 행할 때의 별존 만다라가 있다.

양계 만다라가 총론적 의미를 지니는 만다라라면 별존 만다라는 각론적 의미를 지니는 부분 만다라라 할 수 있다. 따라서 별존 만다라는 총론적 양계 만다라의 직능적 분류에 의해 형성된다. 그리하여 다양한 내용을 지닌 별존 만다라는 그 본존을 중심으로 하는 구조적 유형에 의하여 불부(佛部), 불정부(佛頂部), 경법부(經法部), 관음부(觀音部), 보살부, 명왕부(明王部), 천중부(天衆部) 등으로 나누어진다. 어떻든 이상의 별존 만다라는 밀교가 갖는 식재, 증익 등의 구체적 신앙 형태의 분화가 낳은 소산임을 주목할 필요가 있다.

현교적(顯教的) 만다라

만다라라 하면 일단 밀교적 개념으로 수용되지만 이 밖에도 만다라란 용어를 자주 쓰고 있음을 본다. 곧 정토 만다라, 화엄 만다라, 법화(法華) 만다라 등이 그와 같은 것이다. 이들 만다라에 대하여 우리나라에서는 정토 만다라의 경우에는 아미타회상도 또는 관경변상도, 화엄 만다라의 경우에는 화엄경변상도, 법화 만다라는 영산회상도라 하여 본존을 중심으로 한 설법도가 대부분을 차지한다. 그러

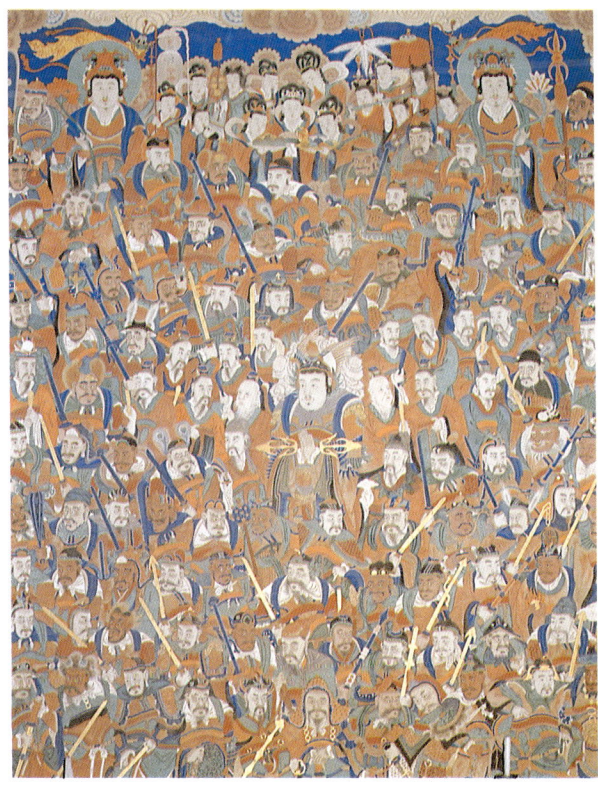

104 위 신중도 현교적 만다라의 의미로서 본다면 신중도나 칠성도에 이르기까지 만다라의 범위는 넓어진다. 전주 송광사 소장.

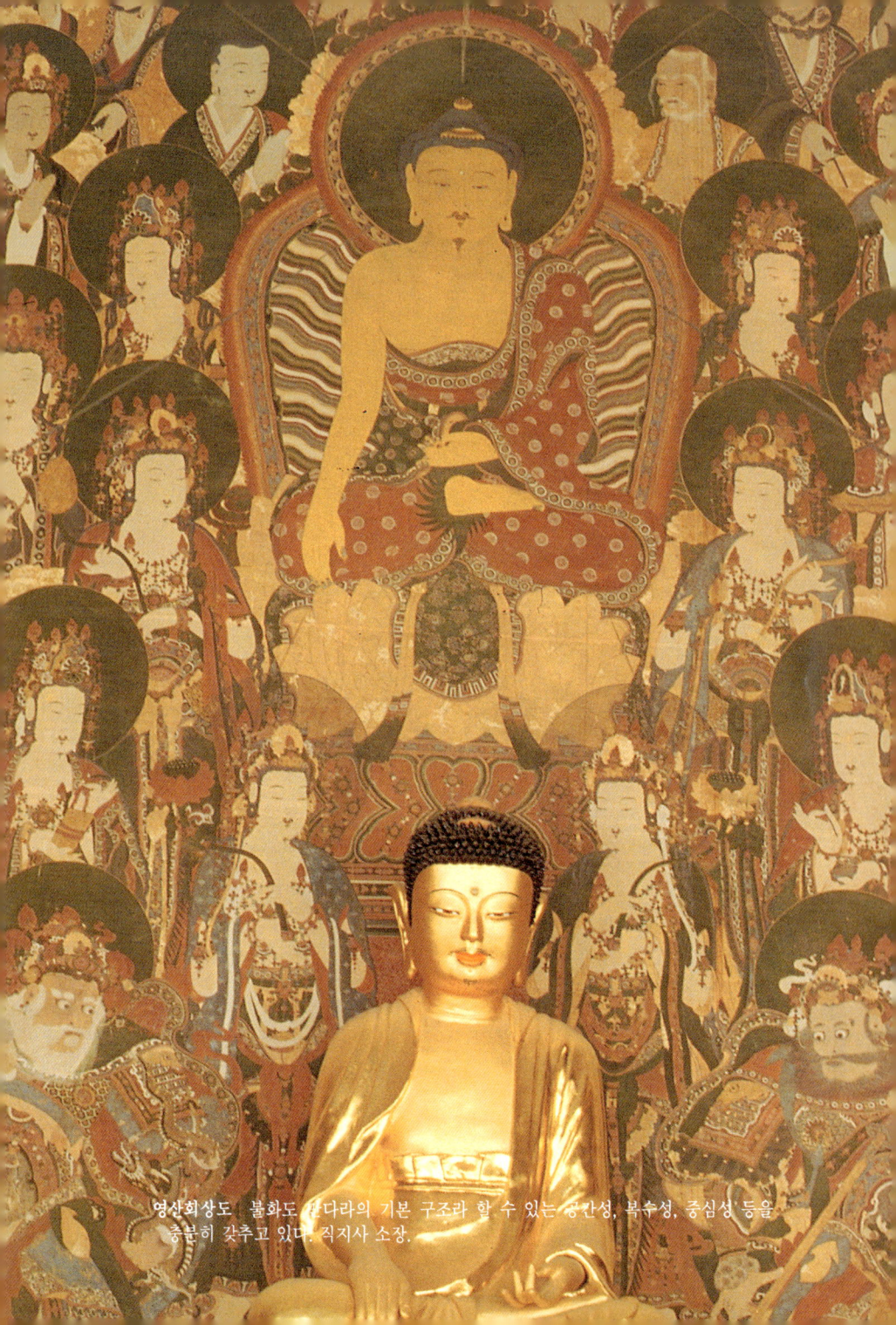

영산회상도 불화도 만다라의 기본 구조라 할 수 있는 '중간성, 복수성, 중심성' 등을 충분히 갖추고 있다. 직지사 소장.

나, 기하학적 상징성을 중요시하는 밀교적 만다라에서 보면 이들 불화를 만다라라 할 수 없게 되지만 다른 한편으로 보면 본존을 중심으로 한 협시 보살과 8대 보살 등의 권속이 본존을 둘러싼 구도와 사천왕이나 기타의 신중들에 의하여 성역 공간을 수호하는 의미를 나타내는 신성성과 만다라의 기본 구조라 할 수 있는 공간성, 복수성, 중심성 등을 충분히 갖추고 있어 이들을 만다라라 하여도 무방할 것이라 생각한다.

만약 이상과 같이 현교의 불화가 만다라의 기본 구조와 크게 어긋나지 않는다고 하여 이같은 기준에서 만다라라 일컫는다면 신중도(神衆圖), 칠성도(七聖圖)에 이르기까지 더욱 만다라의 범위는 넓어지리라 생각한다.

이상과 같은 현교의 만다라는 지금까지 불화의 개념에서만 접근하여 왔지 공간성, 신성성, 복수성, 중심성이란 만다라의 기본 구조적 측면에서는 아직 무관심한 상태에 있었던 게 사실이다. 그리하여 현교적 불화에 대한 만다라적 접근이 필요하고 또한 그와 같은 접근이 불화에 대한 올바른 이해를 돕는 길임을 평소 누누이 지적하여 온 바이지만 여기서는 정토교 만다라에 국한하여 만다라적 접근을 함으로써 현교적 불화의 만다라적 이해를 돕고자 한다.

불교의 많은 불, 보살들은 모두가 각각 고유의 이상 세계를 지니고 있다. 곧 이들 불, 보살들은 스스로의 서원을 실현하고 그 활동을 완성하기 위하여 성역 공간을 지니고 있다. 이같은 세계는 당연히 청정(清浄)한 국토이므로 정토(浄土)라 하게 된다.

불교에서 말하는 넓은 의미의 정토는 불, 보살의 모두에게 해당되어 예컨대 관음보살의 불국토를 보타락 정토(補陀洛浄土), 지장보살의 세계를 가라타 정토(伽羅陀浄土)라 일컫기도 하여 보살의 세계까지 확대되지만 그 범위를 좀더 한정시키면 여래의 국토 곧 불국토를 말하게 된다. 대승불교에서는 보편적 성격을 지닌 불, 여래는 현재의 이 순간에 다른 세계에 있어서도 동시에 존재하고 있다고 생각한다. 그러나 1불, 1국토가 원칙인 것으로 어디까지나 각각의 불, 여래가 각각의 정토를 지니게 되는 것이다.

　그 전형적인 예가 초기 대승 경전의 대표인 「반야경」에 설하고 있는 시방불(十方佛)과 후기 대승 경전의 「금광명경(金光明經)」의 대표적 교의인 4방4불(四方四佛)이다. 그를 살펴보면 다음과 같다.

현장 역의 「대반야바라밀다경(大般若波羅蜜多經)」

동방—보성여래(寶性如來)

남방—무우덕여래(無憂德如來)

서방—보염여래(寶焰如來)

북방—승제여래(勝帝如來)

동북방—정상승덕여래(定象勝德如來)

동남방—연화승덕여래(蓮花勝德如來)

서남방—일륜변조승덕여래(日輪邊照勝德如來)

서북방—일보개승여래(一寶蓋勝如來)

하방—연화덕여래(蓮花德如來)

상방—희덕여래(喜德如來)

담무참 역의 「금광명경」

동방—아촉여래

남방—보상여래

서방—무량수여래

북방—천고뢰음여래

　이상 양자를 비교해 본 결과 「반야경」의 시방불 명칭은 우리나라에서는 거의 알려져 있지 않은 여래명들이다. 그러나 티베트 불교에서는 후대에 이르기까지 큰 영향을 미쳐 중국 라마교의 중요 유적인 북경 교외의 거용관(居庸關)의 부조(浮彫) 소재에 그 흔적을 남기고 있다.

다른 한편 후세의 밀교 5불 곧 구체적으로 말하면 태장계의 5불인 대일여래, 보당여래, 개부여래(開敷如來), 화왕여래(華王如來), 무량수여래, 천고뢰음여래와 금강계의 5불인 대일여래, 아촉여래(阿閦如來), 보생여래, 아미타여래, 불공성취여래의 기초 자료가 된 것은「금광명경」의 4불이다.

정토란 관점에서 보면「금광명경」그 자체는 각 여래의 정토를 설하고 있지 않으나 조금 늦게 5세기경 중국에서 찬술되었다고 생각되는「관불삼매경(觀佛三昧經)」에는 다음과 같이 4방 4불의 정토명을 설하고 있다.

동방―아촉불(阿閦佛)―묘희 정토(妙喜淨土)
남방―보상불(寶相佛)―환희 정토(歡喜淨土)
서방―아미다불(阿彌陀佛)―구락 정토(極樂淨土)
북방―미묘성불(微妙聲佛)―연화장엄 정토(蓮華莊嚴淨土)

이상과 같이 4방, 10방에 있는 불의 세계가 모두 정토라 할 수 있으나 그 가운데에도 많은 사람들의 신앙을 불러일으킨 정토는 아미타불의 극락 정토이다. 이상의 극락 정토는「무량수경」「관무량수경」「아미타경」의 이른바「정토삼부경」에 설하고 있으나 이들 삼부경은 내용적으로는 두 가지로 분류되고 정토 만다라도 그에 따라 두 가지로 분류된다. 곧「무량수경」「아미타경」계의 정토 만다라와「관무량수경」계의 정토 만다라가 그것이다. 우리나라의 경우를 보면 전자는 아미타회상도로 전개되고 후자는 관경변상도 또는 극락구품도 등으로 전개되고 있다.

아미타여래의 인위적(因位的) 존재인 법장보살이 오랜 시간에

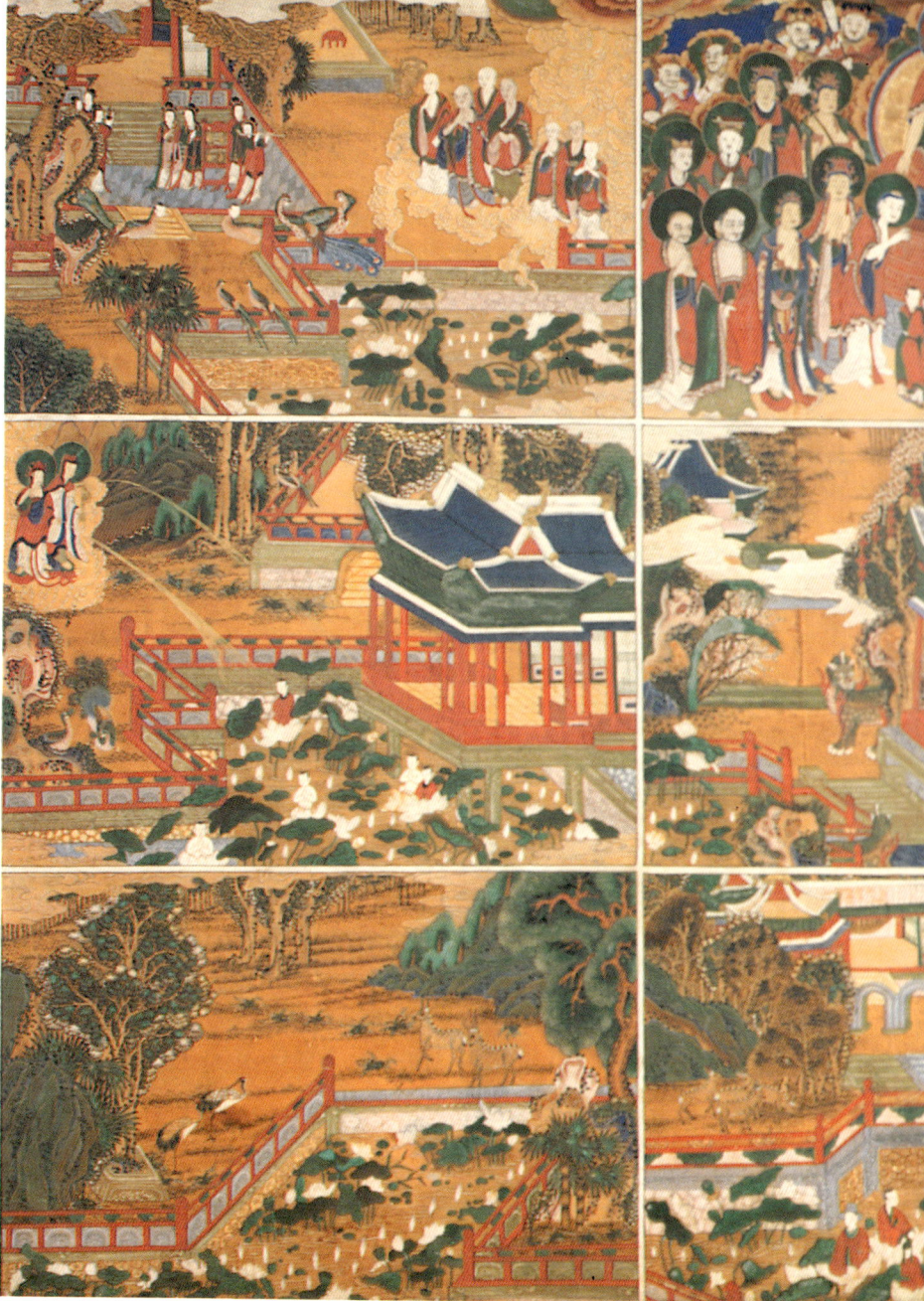

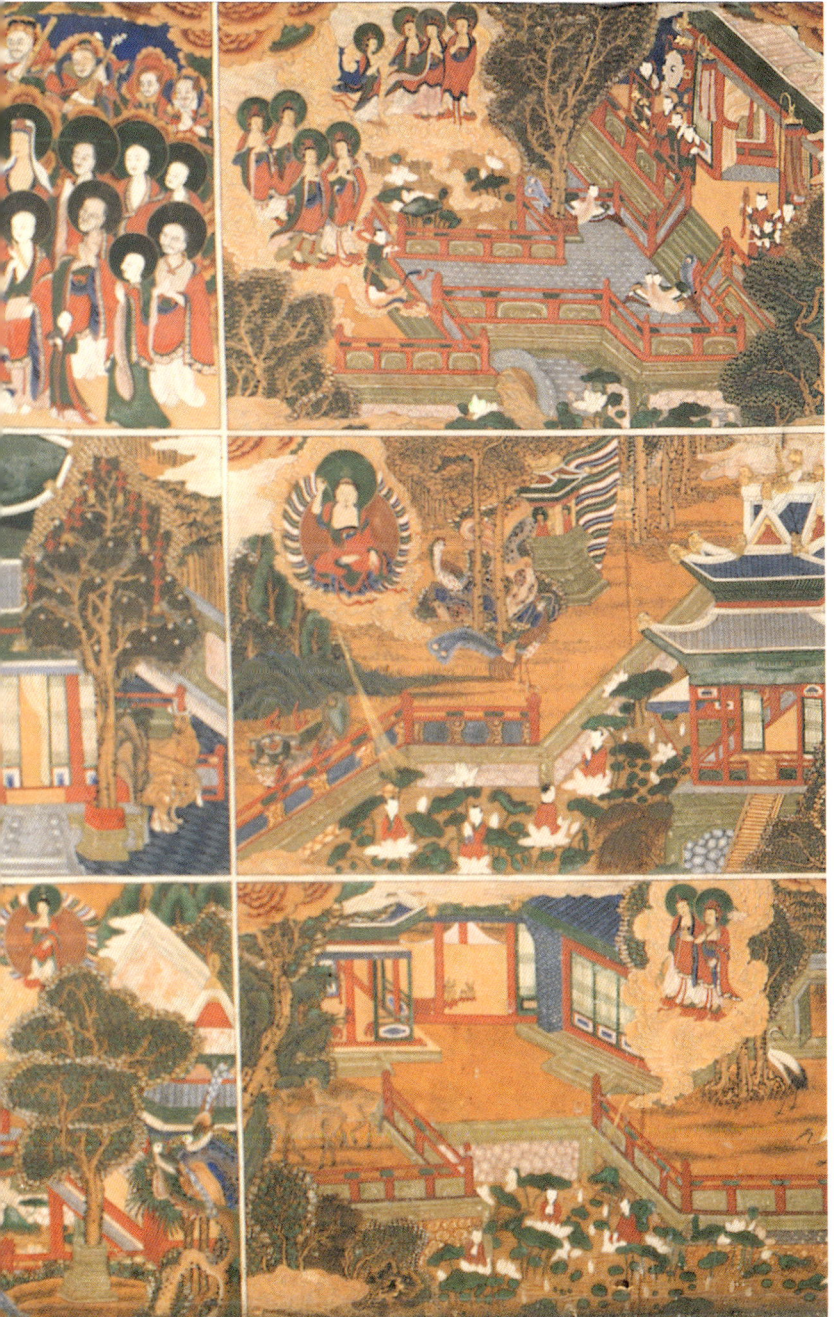

극락구품도 관경변상도의 변형된 형태로서 현교적 만다라에 속한다. 신흥사 소장.

걸쳐 사유하고 서원을 세워 실현한 극락 정토는 그 명칭이 밝히고 있는 바와 같이 아름답고 즐거움이 넘치는 세계이다.

「아미타경」에 의하면 "여기서 서방 10만억의 불토를 지나 한 세계가 있으니 이름하여 극락이라 한다" 하고 그 극락 세계의 즐거움에 넘친 광경을 상세히 묘사하고 있다.

극락의 대지는 칠보로 이루어지고 땅은 평평하여 산이 없고 기후는 춥지도 덥지도 않은 쾌적한 날씨이고 칠보의 보수(寶樹)가 즐비하게 늘어서 있고 연못에는 8공덕수가 넘쳐 유쾌한 법음이 들린다. 대지는 꽃으로 덮여 있고 하나의 거대한 보리수가 무성하게 뻗어 있다. 그리고 그곳에는 거룩한 자태의 누각(樓閣)이 있으며 인간은 평등하여 모두 능력이나 인물이 출중하여 고통이 없는 세계이다.

이상과 같은 극락 정토를 비롯하여 제불(諸佛)의 불국토를 거대한 화면에 표현한 것을 인도에서는 그 유품을 찾아볼 수 없다. 그러나 중국을 비롯하여 티베트, 우리나라, 일본, 중앙아시아 일대에 이르기까지 중요한 불교국에서는 폭발적인 유행을 보게 되었다. 특히 중국과 우리나라 등지에서는 이를 정토변(浄土變), 정토도(浄土圖)라 하고 만다라란 명칭은 한 번도 쓰고 있지 않으나 이들이 갖는 구조적 성격이 만다라의 그것과 같은 것이 많아 이들을 만다라라 하여도 무방하리라 생각한다. 일본에서는 일찍이 이같은 데 주목하고 10세기 후반경부터 정토 만다라란 표현이 널리 보급되어 정토 만다라를 제작하기에 이른다. 곧 지광(智光) 만다라, 당마(當磨) 만다라, 청해(清海) 만다라 등의 정토 3만다라가 그와 같은 것이다. 여기 지광 만다라는 「무량수경」 계통의 만다라로서 우리나라의 아미타회상도 계통이 이 계열의 정토 만다라로 이해되며 당마 만다

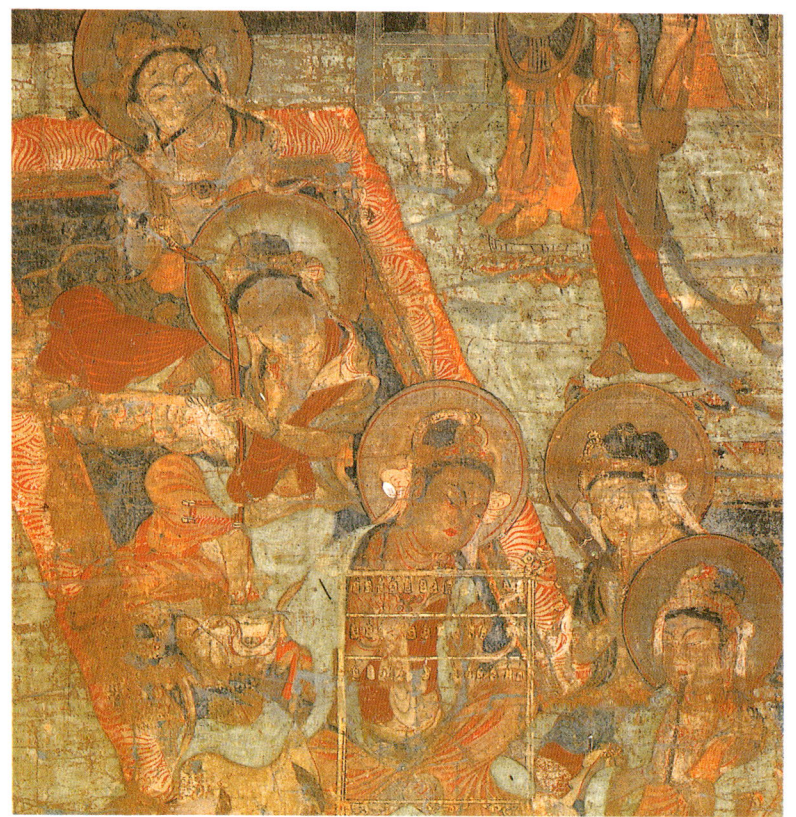

정토 만다라의 부분도 일본 나라박물관에 소장되어 있는 1폭(161.9×133.8센티미터)의 청해(淸海) 만다라이다. 헤이안(平安)시대.

라는「관무량수경」계통의 정토 만다라로 우리나라 관경변상도가 이 계통의 정토 만다라라고 할 수 있다.

　이상의 정토 만다라는 기하학적 상징성을 중시한다는 면에서 보면 만다라라 할 수 없으나 만다라의 기본 구조를 이루고 있는 신성성, 공간성, 복수성, 중심성 등에서 보면 단순히 성토변상도로 알려진 불화 등도 만다라의 성격을 지니는 것임에 틀림없는 것이라 하겠다.

우리나라 만다라의 사상과 그 전개

　「삼국유사」'대산오만진신조(臺山五萬眞身條)'에 의하면 나라를 도울 방법이라 하여 그 방안을 자세히 밝히고 있다. 곧 보천(寶川)이 오대산(五臺山)에서 수행을 계속하다가 임종 때에 이르러 후일 산중에서 행할 국가를 도울 행사를 기록하여 두었다 하고 그에 기록된 내용을 밝히고 있는데 그 내용은 오대산의 각 봉(峯)에 대한 신앙 형태와 그 수행 실천에 관계된 것들이다.

　이 기사는 불교 신앙에 관계된 기사이지만 국가를 도울 행사에 관계되는 것이라 해서 특히 관심을 끌게 한다. 오대산 신앙은 자장(慈藏)이 당나라에서 화엄 신앙을 수용함에서 비롯된다고 함은 다 아는 일이지만 이같은 오대산 신앙이 신라 5악(五岳)의 성립과 무관한 것이 아니며 신라 사회의 여러 측면에 깊은 관련을 맺고 있는 것으로 생각되어 그에 대한 만다라적 성격에 접근해 보고자 한다.

　이는 이기백 교수가 '신라 5악의 성립과 그 의의'라는 논문을 통하여 신라의 화엄종이 5악과 깊은 관계를 갖고 있다고 하였음에서 많은 시사를 받은 바 있고 이로 인해 필자가 지금까지 관심을 가져 왔던 자장에 의하여 수용된 화엄 사상의 성격에 대한 보다 구체적인 해명을 하려 한 것임을 밝혀 둔다.

이기백 교수는 5악이 신라에 새로이 편입되는 어떤 세력을 상징하는 것이라 하였지만 이는 5악 신앙이 불교가 재래 신앙을 포섭하여 불교화, 재포섭 불교화라고 하는 만다라적인 의미를 지니는 것과 일맥 상통하고 있다는 점이 주목된다. 그리하여 본 글에서는 오대산 신앙의 만다라적 성격을 살펴보고 이러한 것이 신라 5악의 성립 및 기타 사회 현상과 어떤 연관이 있는가를 밝히고자 하는 것이다. 이러한 작업은 불교를 사회와의 관계에서 살필 수 있을 뿐 아니라 신라의 사회 사상을 이해하는 데도 도움을 줄 것으로 생각된다.

오대산 신앙의 만다라적 성격

오대산의 동, 서, 남, 북, 중(中)의 5대와 5악의 동, 서, 남, 북, 중의 위치 설정은 한편으로 보면 오행 사상(五行思想)의 영향인 것 같지만 다른 한편에서 보면 밀교의 만다라에 있어 5방위에 해당되는 것으로 생각된다. 먼저 「삼국유사」에 보천이 임종 때에 산중에서 행할 국가를 도울 행사를 기록하여 두었다는 그 남긴 기록에서 오대산의 5대 구성은 어떤 것인가를 찾아보면

이 산은 곧 백두산의 큰 줄기인데 각 대(臺)는 진신(眞身)이 상주하는 곳이다. 청(靑)은 동대의 북각(北角) 아래와 북대의 남쪽 기슭 끝에 있으니 그곳에는 마땅히 관음방(觀音房)을 두어 원상 관음(圓像觀音)과 푸른 바탕에 일만 관음상을 그려 봉안하고 복전(福田) 5원(員)을 누고 낮에는 8권 「금경(金經)」과 「인왕반야(仁王般若)」 천수주(千手呪)를 읽게 하고, 밤에는 관음예참을 염하게 하여 그곳을 원통사(圓通社)라 이름하게 하라.

적(赤)은 남대의 남쪽에 있으니 그곳에는 지장방(地藏房)을 두어 원상 지장(圓像地藏)과 붉은 바탕에 8대 보살을 수반으로 일만 지장보살을 그려 봉안하고 복전 5원을 두어 낮에는 「지장 경」과 「금강반야경」을 읽게 하고 밤에는 점찰예참을 염하게 하여 금강사(金剛社)라 이름하라.

백색방(白色方)인 서대의 남쪽에는 미타방(彌陀房)을 두어 원상 무량수불(圓像無量壽佛)과 흰 바탕에 무량수여래를 수반으로 일반의 대세지보살을 그려 봉안하고 복전 5원을 두어 낮에는 8권의 「법화경」을 읽게 하고 밤에는 미타예참을 염하게 하여 수정사(水精社)라 이름하라.

흑색지(黑色地)인 북대의 남쪽에는 나한당(羅漢堂)을 두어 원상 석가와 검은 바탕에 석가여래를 수반으로 5백 나한을 그려 봉안하고 복전 5원을 두어 낮에는 「불보은경(佛報恩經)」과 「열반 경」을 읽게 하고 밤에는 열반예참을 염하게 하여 백련사(白蓮社)라 이름하라.

황색처(黃色處)인 중대의 진여원(眞如院) 가운데는 니상 문수 부동상(泥像文殊不動像)을 모시고 후벽에는 누런 바탕에 비로자나 불을 수반으로 36화형(化形)을 그려 봉안하고 복전 5원을 두어 낮에는 「화엄경」과 「육백반야」를 읽게 하고 밤에는 문수예참을 염하게 하여 화엄사(華嚴社)라 이름하라. 보천암(寶川庵)을 개창하여 화장사(華藏寺)로 하고 원상 비로자나3존(圓像毘盧遮那三尊)과 「대장경」을 봉안하고 복전 5원을 두고 낮에는 「장문장경(長門藏經)」을 읽게 하고 밤에는 화엄 신중을 염하게 하고 해마다 백 일 동안 화엄회를 열게 하여 법륜사(法輪社)라 이름하라. 이 화장사로 오대사(五臺社)의 본사를 삼아 굳게 호지하고 정행 복전(浄行福田)에게 명하여 길이 향화(香火)를 받들게 하면 국왕이 장수하고 백성이 안태하고 문무가 화평하고 백곡이 풍요할 것이

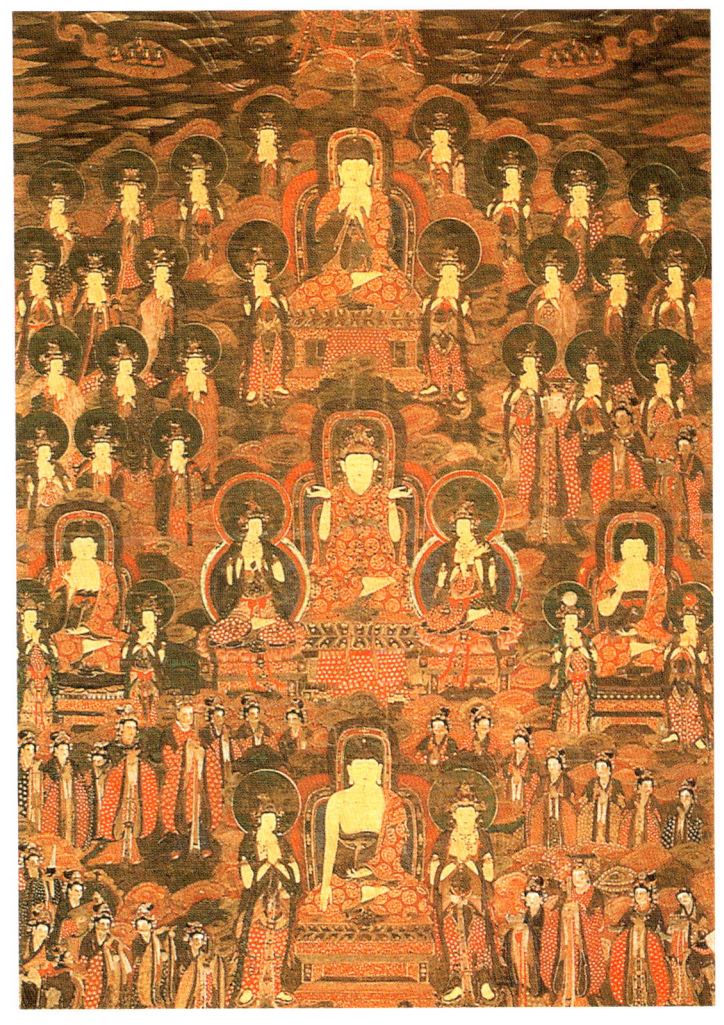

오불회상도(五佛會相圖)　이 오불회상도는 우리나라 만다라 구도의 기본 모습을 전하고 있다. 삼신불(三身佛)인 법신(法身：비로자나불), 보신(報身：노자나불), 화신(化身：석가모니불)을 종적으로 하고 아미타, 석가, 약사를 횡적으로 하여 오불회상을 구성하고 있다. 따라서 중앙의 존상은 종적으로는 보신불이며 횡적으로는 석가모니불이 된다. 일본 신호시(神戸市) 십륜사(十輪寺) 소장.

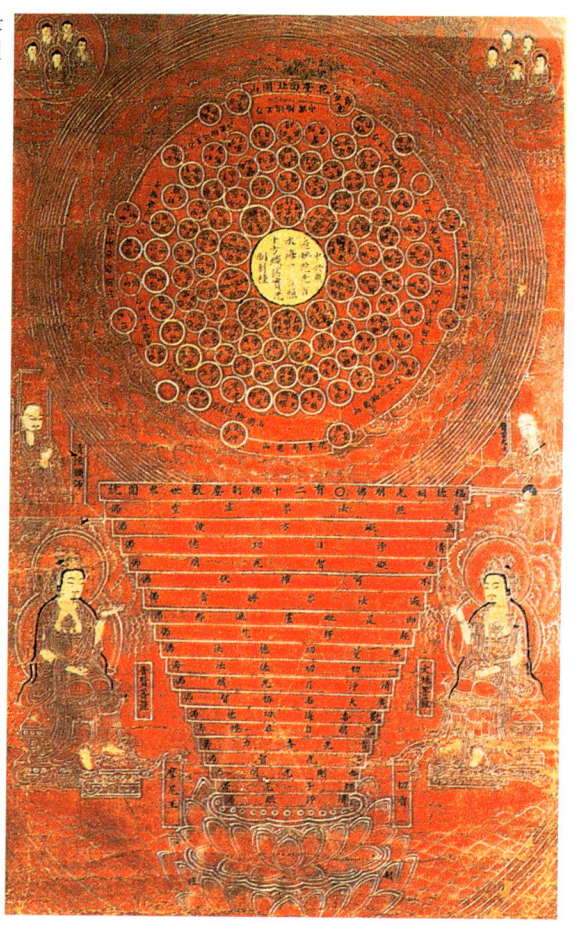

비로화장세계지도(毘盧華藏世界之圖) 조선시대. 대전 개인 소장. 74×58센티미터.

다. 또 하원(下院) 문수갑사(文殊岬寺)를 배치하여 사(社)의 도회 (都會)로 삼고 복전 7원이 밤낮으로 화엄신중예참을 행하게 하고 위에 말한 37원의 재료의비(齋料衣費)는 하서부도내(河西府道 內) 8주(州)의 세금으로 4사(四事)에 충당케 하라. 대대의 군왕이 잊지 않고 준행한다면 다행이겠다.

이상에서 보면 종교 신앙을 사회 운영의 원리로 삼고자 하는 정치 백서라 할 수 있을 정도로 자세한 방안이 마련되어 있다. 내용이 복잡하고 어려워 이해되지 않는 데가 많으나 우선 이해가 가능한 것부터 풀이해 보기로 하자.

먼저 이 기사 내용이 어느 때의 사실이며 한편 어떤 역사적 배경을 지니고 있는 것인가를 알아보지 않으면 안 된다.

「삼국유사」에서는 보천을 정신대왕(淨神大王)의 태자라고 하고 역시 정신대왕의 둘째 아들인 효명(孝明)이 왕위를 계승하여 몇 년 지나 진여원을 개창하였는데 그때가 신룡 원년(神龍元年, 705)이라 하였다. 그러나 신라 왕으로서 정신왕이란 기록이 없으므로 어느 왕인지 분명하지 않다. 일연은 「삼국유사」 해당 기사의 분주(分註)에서 신룡 원년에 기준을 두고 이때 절을 지은 임금은 성덕왕이라 하였는데 만약 그렇다고 한다면 「삼국유사」 소전의 효명이 성덕왕이고 정신대왕은 신문왕(神文王)이 되는 셈이다.

어떻든 여기서는 진여원을 지었다는 신룡 원년을 연대의 기준으로 삼을 수밖에 없었으나 이 절을 짓게 된 경위를 다시 살펴보면 다음과 같은 몇 단계의 경위를 알 수 있게 된다.

첫째, 자장이 정관(貞觀) 10년(636)에 입당(入唐)하여 당나라에서 오대산 문수 신앙을 전교받아 우리나라 오대산을 문수 신앙의 성소(聖所)로 삼게 됨은 자장이 귀국한 643년이다.

둘째, 자장이 오대산을 문수 신앙의 성소로 삼게 되었다는 사실은 신라의 신앙 사상계에 많은 영향을 미쳐 그 결과 보천, 효명 등의 왕자가 오대산에 들어오게 되었는데 이때가 바로 신룡 원년을 전후한 때이며 효소왕과 성덕왕대에 해당된다.

셋째, 신룡 원년을 기준으로 50년 이후에 보천이 나라를 위하여 도움이 될 만한 방안을 남기게 되었다고 하였으므로 이때가 755년경으로 경덕왕(742~765)대가 된다.

이상에서 보천이 나라를 위하여 도움이 될 만한 좋은 방안을 제시하게 된 연대가 대충 어느 때인가를 알았고, 한편 이때의 신라 사회의 사정이 어떤 때인가를 짐작할 수 있게 되었다. 곧 경덕왕대는 신라사에 있어 그 문물이 최성기에 이른 때이기도 하지만 한편 왕권의 전제화를 강화하는 개혁 정책이 단행되어 전통적인 귀족 세력의 반목에 부딪혀 사회적인 혼란이 일기 시작하는 때라는 것은 누구나 다 아는 사실이다. 그런데 보천의 제안은 이와 같은 사회적 혼란기를 배경으로 하고 있었다는 데서 더욱 주목을 끈다. 그러면 보천의 제안 내용은 어떤 성격의 것이었을까. 내용에 대해서는 뒤에서 보다 상세히 밝히려 하지만 우선 그 성격적인 면을 결론적으로 말한다면 경덕왕의 개혁 정치를 찬성하는 입장에 서는 것이었다고 할 수 있다. 왜냐하면 보천이 주장하고 있는 사상 내용은 집권 정치에 도움을 주는 것이기 때문이다. 더욱이 보천의 사상이 자장의 사상을 계승하려는 입장이었다면 더욱 그렇게 생각된다. 곧 자장의 사상은 국통(國統)의 입장에서 전제 왕권을 강화하려는 경향을 짙게 지니고 있었기 때문이다.

　한동안 신라 사회에 있어 자장의 화엄 사상은 국가적인 입장에서 크게 떨치지만 자장의 만년에 가서는 의상계(義湘系)의 화엄 사상에 의하여 쇠퇴하는 경향을 지닌다. 그런데 이렇게 쇠퇴한 자장계의 화엄 사상을 다시 부흥시킴에 의하여 전제 왕권을 강화하여 사회의 안전을 기할 수 있다고 믿고 있었던 이가 보천이 아니었던가 한다. 보천은 자기가 내세운 방안이 잘 지켜진다면 '국왕이 장수하고 백성이 안태하고 문부가 화평하고 백곡이 풍요할 것이다'라고 하고 있는데 이는 흡사 경덕왕대 말기 아니면 혜공왕대의 사회 불안을 배경으로 한 전망인 것처럼 보인다.

　이상을 다시 요약해서 말하면 보천의 제안은 쇠퇴해 가는 자장계의 화엄 사상을 부흥시킴에 의하여 경덕왕대 내지 혜공왕대에 들어

점차 혼란에 빠지고 있던 신라 사회가 전제 왕권을 강화하는 입장에서 안정을 되찾을 수 있을 것이라 믿고 있었던 것으로 생각된다.

그러면 보천이 임종 때에 남겼다고 하는 사회 안정과 번영의 방안 내용은 어떤 것일까. 이를 한마디로 말하면 오대산 성소 신앙에 대한 만다라적인 재조직이라 할 수 있다. 곧 보천은 오대산을 백두산의 큰 줄기라 하여 우선 오대산에 대한 신성성을 강조하고 나서 오대산 성소를 동, 서, 남, 북, 중으로 조직하여 각 5방에 신앙적인 의미를 부여하고 있음이 그것이다.

이상을 보면 당시에는 관음 신앙, 지장 신앙, 미타 신앙, 석가 신앙 및 나한 신앙, 화엄 및 문수 신앙 등이 성행하고 있었는데 이들 신앙은 각기 그 신앙의 특징을 살릴 수 있는 불상과 소의 경전, 신앙 의례 등을 각각 지니고 있어야 한다고 하는 것이며 또한 신앙 의례를 실천 지도할 다섯 사람의 소임을 두어야 한다는 것이다. 그리고 이들 다섯 분야의 신앙 형태는 결국 화엄 신앙에 의하여 총섭되어야 한다는 것이 화엄사에서의 화엄회의 개실이다. 말하자면 다섯 분야의 신앙 형태가 각각 그 특징을 지니되 이는 화엄 사상에 의하여 통일된다는 화엄 만다라적인 신앙 조직이다. 이와 같은 화엄 만다라적인 신앙 형태는 보천이 임종하면서 처음으로 남긴 것이 아니라 보천 형제가 처음 오대산에 왔을 때도 있었음을 「삼국유사」는 다음과 같이 전하고 있다.

하루는 형제가 5봉을 참례하려고 올라가 보았더니 동대의 만월산에는 일만의 관음 진신이 나타나 있고, 남대의 기린산에는 8대 보살을 수위(首位)로 하여 일만의 지장이 나타나 있고, 서대의 장령산에는 무량수여래를 수반으로 하여 일만의 대세시가 나타나 있고 북대의 상왕산에는 석가여래를 수위로 하여 5백 대아라한이 나타나 있고 중대의 풍로산(風盧山) 또는 지노산(地盧山)이라고 하는 데는 비로자나불을 수위로 하여 일만의 문수가 나타나 있다.

5방에 관음, 지장 등을 배치하고 있음은 전자와 같으나 5방에 색(色)을 배치하는 것이 빠졌고 대신 산명을 각각 배치하였다. 여기서 보면 보천이 임종 때에 남긴 화엄 만다라적인 신앙 조직은 일찍이 자장이 당나라에서 수용하여 우리나라 오대산에 이식하였고 보천은 그 신행 방법을 더욱 구체적으로 밝혀 놓은 것이다.

화장찰해도(華藏刹海圖) 통도사 황화각(皇華閣)에 있는 불화이다. 1899년. 152×975 센티미터.

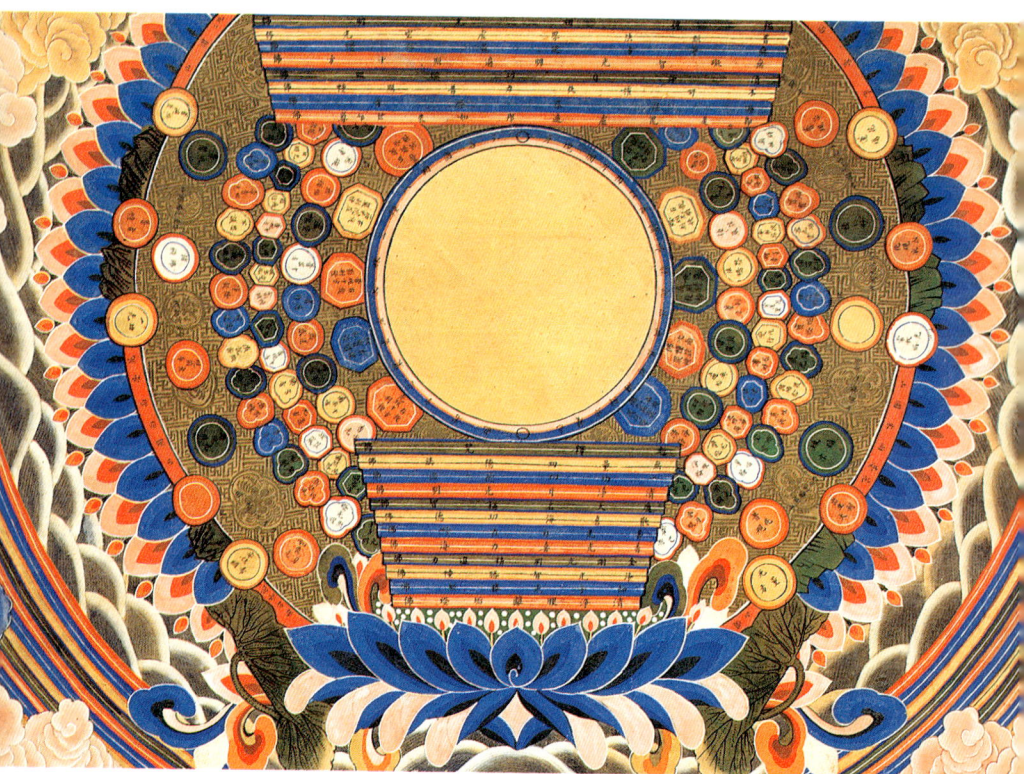

신라 화엄 만다라의 조직과 의미

앞에서 오대산 신앙의 조직 체계가 화엄 만다라적인 성격을 지니는 것이라 하였다. 그러면 그 신앙 조직이 지니는 의미와 구체상은 어떤 것인가를 살펴보자.

먼저 각종 신앙 형태를 동, 서, 남, 북, 중의 5방에 배치하고 있음이 어떠한 발상인지를 보면 우선 오행 사상의 영향이라 할 수 있다. 그러나 한편 밀교에 있어 만다라의 배치 방법인 것 같기도 하다. 왜냐하면 밀교의 양부(兩部) 만다라에도 중심부인 5불을 5방에 배치하고 있기 때문이다. 이를 도시해 보면 다음과 같다.

　　백→중→대일여래→법계체성지(法界體性智)
　　청→동→아촉불→대원경지(大圓鏡智)
　　황→남→보생여래→평등성지(平等性智)
　　적→서→아미타불→묘관찰지(妙觀察智)
　　녹→북→불공성취여래→성소작지(成所作智)

여기서도 5방과 5색을 각각 신앙의 대상별로 배치하고 있으나 앞에 기술한 화엄 만다라의 배치와 비교하여 보면 5방과 5색의 대상이 다르다. 곧 오대산의 화엄 만다라에서는 청→동, 적→남, 백→서, 흑→북, 녹→중인 데 반하여 밀교의 양부 만다라는 백→중, 청→동, 황→남, 적→서, 녹→북이다.

여기 녹은 앞에서도 말하였듯이 흑을 대신하기도 하지만 양자를 비교하여 보면 청→동과 흑→북만 같고 나머지는 다르다. 그리하여 오대산 화엄 만다라는 밀교의 양부 만다라에 있어 5방 5색의 배치와는 다르고 오히려 중국의 오행 사상에 있어 5방 5색과 같다.

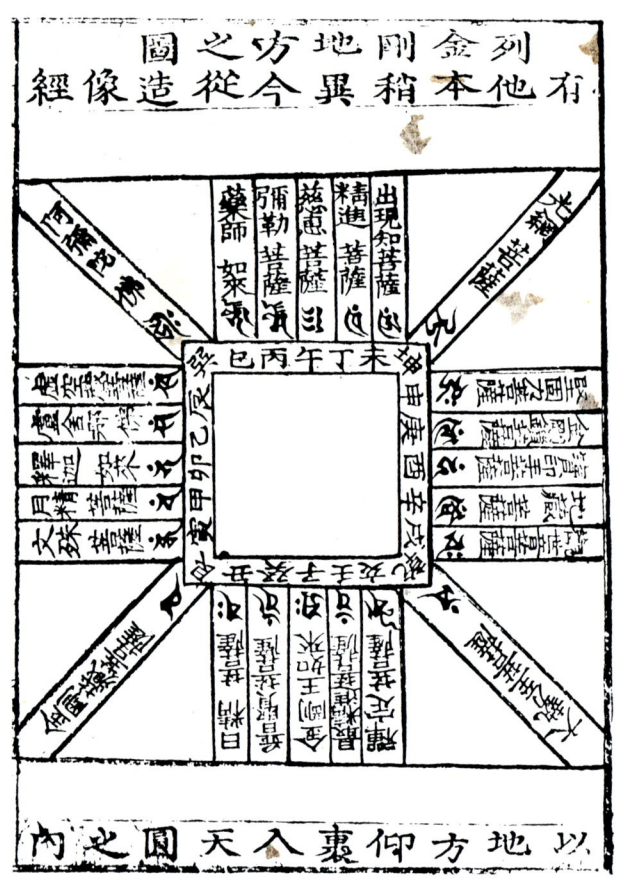

열금강지방지도(列金剛地方之圖) 「조상경(造像經)」에 있는 그림으로서 범자와 보살명을 각 방위에 쓴 금강계 만다라적 의미를 갖는다.

다음에는 5방에 신앙의 대상을 배치하고 있는 대응을 비교하여 볼 필요가 있다. 얼핏보면 오대산의 화엄 만다라는 양부 만다라 가운데 금강계 만다라의 구조에 가깝다고 할 수 있다. 금강계 만다라의 배치를 보면 중앙에 비로자나불, 동방에 아촉불, 서방에 아미타불, 남방에 보생여래, 북방에 불공성취여래이다. 이를 오대산의 화엄 만다라와 비교하여 보면 중앙에 비로자나불, 동방에 관음보살, 서방에 아미타불, 남방에 지장보살, 북방에 석가와 오백 나한을 배치한다. 여기서도 중앙의 비로자나불과 서방의 아미타불만 같고 다른 것은 모두가 다르다. 그러나 여기서는 다시 한번 생각을 필요로 한다. 왜냐하면 밀교에서는 불공성취여래를 석가여래와 동체로 생각하고 있고 남방의 지장보살은 금강계 만다라에서는 보생여래가 지장보살로 변화한 것이라 볼 수 있기 때문이다. 다만 동방의 관음보살은 금강계 만다라에서는 서방의 아미타여래에 부속하는 것이나 우리나라에서는 일찍부터 관음 신앙이 성행하여 동방에 독립직으로 배치한 것이라 보아진다. 그렇다고 한다면 오대산 화엄 만다라의 구조는 밀교의 금강계 만다라의 개념을 기본으로 여기에 관음, 지장의 두 관음 신앙을 도입하고 다시 중국 오행 사상을 가미하여 조직한 것이라 할 수 있다. 말하자면 우리나라 특유의 만다라라 할 수 있다는 것이다.

　앞에서 오대산의 신앙 체계를 화엄 만다라라 하였지만 만다라의 의미가 무엇인지 그리고 왜 화엄 만다라란 이름을 붙일 수 있는 것인지 하는 의문을 품지 않으면 안 된다.

　만다라란 다양한 신앙 형태를 통일하는 원리를 말하고, 한편 미술 사적인 입장에서 말하면 그와 같은 원리를 상징적, 체계적으로 표현한 불화를 말한다. 다양한 신앙 형태라고 하였지만 이는 살아 있는 우주의 삼라만상 그 자체라고 하여도 무방하다. 그렇다고 한다면 그림으로서의 만다라는 우주의 축도라 함직하다. 그리고 원리로서의 만다라는 우주의 삼라만상을 한눈으로 통일하여 볼 수 있는 원리이며, 한편 다양하게 전개시켜 볼 수 있는 전개의 원리이기도 하다.

이와 같은 원리로서 만다라의 성립과 전개의 역사는 불교가 재래 신앙을 포섭하여 불교화하고 또한 재포섭하여 불교화하는 반복이라 하여도 무방하다. 그런데 불교가 재래 신앙을 포섭, 불교화할 수 있는 사상 체계의 형성은 이들 다양한 재래의 신앙 형태를 조직적으로 통일할 수 있는 방법으로는 태양을 중심으로 우주가 있는 것과 같이 불교 세계의 중심에는 근원적인 여래가 있어 많은 여래를 출현시키기도 하고 또한 이를 총섭하기도 한다는 비로자나불의 출현을 기다리지 않으면 안 된다. 곧 「화엄경」의 성립이 그것이다.

이와 같은 「화엄경」에 의한 비로자나불에 의하여 모든 재래 신앙이 통일되는 원리를 화엄 만다라라 한다. 다음 단계로 재래 신앙을 보다 더 조직적으로 통일할 수 있는 원리로 발전시킨 것이 「대일경」 「금강정경」 등에 의한 대일여래이며 한편 그와 같은 원리를 양부 만다라라 한다.

오대산의 신앙 조직은 「화엄경」에 근거하고 있음이 분명하고 그 조직 체계가 만다라적인 성격을 지니고 있어 화엄 만다라라 일컫게 된 것이다. 보천이 밝힌 오대산 신앙의 만다라적인 조직이 모두 「화엄경」에 의거하고 있음을 볼 때 이는 더욱 분명해진다. 오대산 신앙의 만다라적인 성격은 상징성을 지니고 있음에서도 나타난다. 곧 오대산 신앙의 대상에 황, 백, 적, 흑, 청의 5색을 배정하고 있는 것 등이 그것이다.

만다라의 조직 체계는 복잡한 형태와 색채에 의거하는 것으로 각종의 형태에서도 상징적 표현의 의미가 내포되어 있지만 만다라의 진리를 뒷받침하는 상징성이란 입장에서 보면 색채 쪽에 더 비중을 둘 수 있게 된다. 그리하여 단적으로 말하면 만다라의 세계는 색채의 향연이라 하여도 무방하다. 그러면 만다라에서 왜 색채를

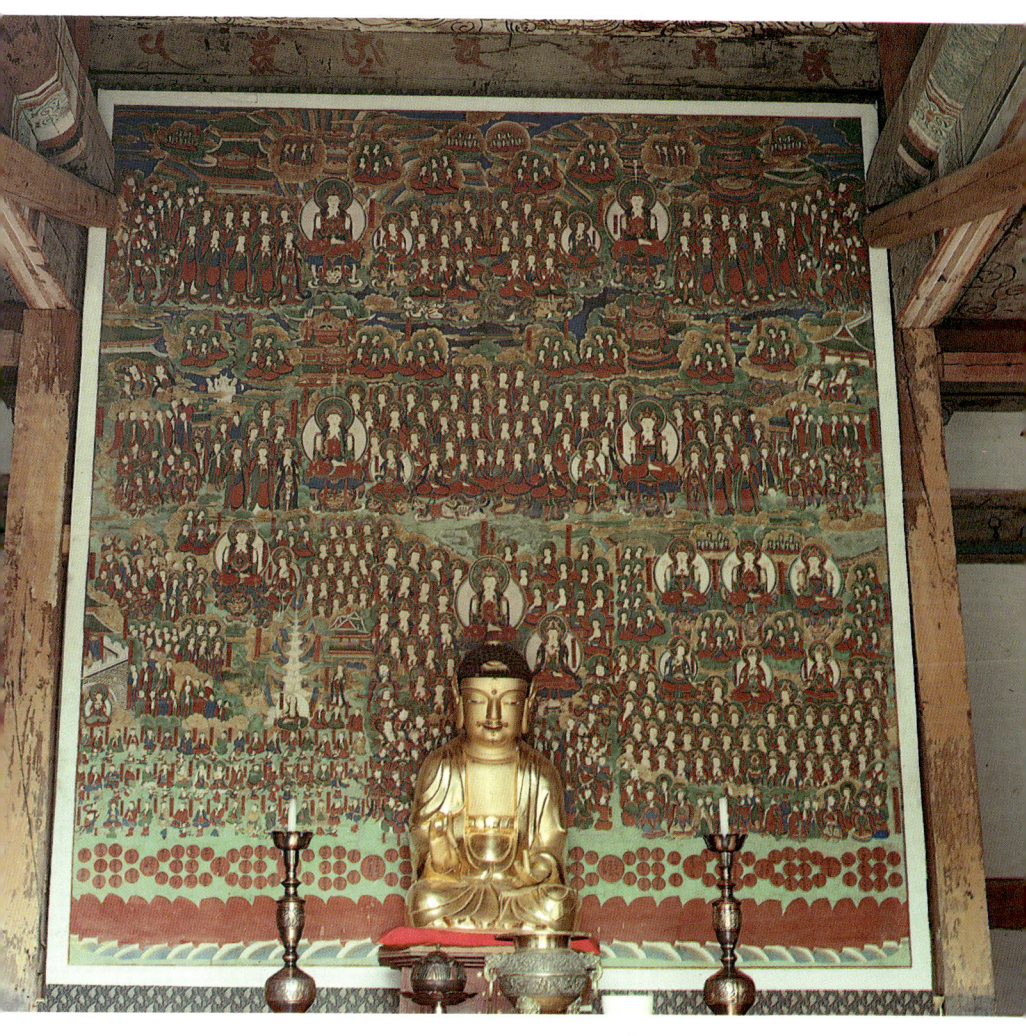

화엄변상도 화엄 만다라로서「화엄경」에 의한 비로자나불에 의하여 모든 재래 신앙이
통일, 발전되는 원리를 상징적으로 표현하였다. 선암사 소장.

중요시하는 것일까. 불교에서 말하는 진여(眞如)라고 하는 절대 진리의 세계는 색 곧 모든 표현을 끊은 상태이지만 그 세계를 표현하고자 할 때에는 색이 필요하게 된다. 여기서 말하는 색이란 색채와 형태가 있는 모든 것을 의미하고 또한 이는 종교적 체험을 매개로 하여서만이 해득될 수 있는 것이기 때문에 상징적인 표현이라할 수 있게 되는 것이다. 그리하여 색채의 배정에는 순서가 있고 각각의 색채에는 상징적 의미를 부여하고 있는 것이다.

양부 만다라에서 색채의 순서는 백, 적, 황, 청, 흑의 순서로 되어 있으나 오대산의 화엄 만다라는 청, 적, 백, 흑, 황으로 되어 있어 차이가 난다. 이는 동→청룡, 남→주작(赤), 남→백호, 북→현무 (黑)에다 중앙에 황색을 배정한 오행 사상에 있어 색채의 상징성과 같은 것이라 할 수 있다. 다만 화엄 만다라에서의 색채가 그 배치에 있어서는 오행 사상에 의거하고 있으나 동에 청룡과 같은 상징적 의미까지 수용하였는지는 분명하지 않다. 양부 만다라에 의하면 백색은 마음을 의미하고 동시에 지혜를 상징하기도 한다. 또한 적색은 자비를 상징하고, 청색은 금강을 상징하는 등 색채에 각각 상징성을 부여하고 있다. 그러나 이것은 일정한 것이 아니고 차이를 보이기도 한다. 다만 만다라에서 중요한 것은 색채의 상징성 그 자체인 것이다.

다음은 오대산 화엄 만다라에서 도상의 관음이나 도상의 지장을 봉안하라고 한 원상이 지니는 의미를 주목할 필요가 있다. 왜냐하면 이 원상은 만다라의 구도에 있어 중요한 위치를 차지하기 때문이다. 오대산의 화엄 만다라가 양부 만다라에서 보면 금강계 만다라에 속하는 것이라 함은 앞에서 말한 바이나 태장계 만다라의 구도가 천불도적(千佛圖的)인 것이라면 금강계 만다라는 방형(方形)과 원형 (円形)의 조직에 의하여 성립된 구도를 지닌다. 곧 만다라에 묘사되는 제상은 모두가 원형 속에 묘사되어진다는 것이다.

오대산 화엄 만다라에서 원상 관음, 원상 지장하고 있음도 이같은 성질의 것으로 생각되어 여기서도 화엄 만다라가 금강계 만다라계에 속하는 것임을 일러 주고 있는 셈이다. 이 원형은 월륜이라고도 하여 만월(滿月)을 상징한다. 만월은 청정한 색채와 무결(無缺)의 원형의 모습을 지니고 있다. 밀교에서는 이 월륜에 의하여 정보리심 (淨菩提心), 득오의 경지를 상징하기도 한다. 곧 월륜을 몇 겹으로 중첩하여 만다라는 구성되고 있다고 하여도 무방하다.

　예컨대 금강계 만다라 성신회의 경우를 보면 방형의 구획 안에 원형을 내접시키고 그 안의 중심과 사방에 5개의 원형을 상하, 좌우에 긴밀히 배치하고 있으며 그 5개의 원형 각각의 내부에도 5개의 원형을 묘사하여 내부에 제존상을 묘사하고 있다. 이런 형식은 금강계 만다라에서는 공통된 구도이기도 하다.

　다음에는 5방에 배치된 각각의 신앙 형태의 특수성을 살릴 수 있는 신앙 결사를 하고 있음에 주목할 필요가 있다. 곧 동방의 관음 신앙을 위한 원통사, 남방의 지장 신앙을 위한 금강사, 서방의 미타 신앙을 위한 수정사, 북방의 석가 신앙을 위한 백련사, 중앙의 화엄 신앙을 위한 화엄사 등이 그것이다. 사(社)는 사(寺)와는 달리 신앙의 결사를 의미한다. 그런데 중앙의 화엄 신앙을 중심으로 사방에 다른 불, 보살 신앙의 결사를 배치한다는 것은 법신 비로자나여래의 지혜가 구체적으로 각 방면에 발동하게 함을 의미한다. 그리고 한편 이렇게 각 방면에 특수적으로 발동된 지(智)는 다시 비로자나여래 라고 하는 보편적 이성에 의하여 통일되는 것이다. 말하자면 보천이 「삼국유사」에 남긴 오대산의 만다라적 발상은 이와 같은 활동을 보다 원활하게 하기 위한 방안으로 제시된 것이라 하겠다. 그리고 이같은 방안이 나라를 위한 방안이라 할 때 신라 사회 조직의 방향 또는 신라가 지향해야 할 사회의 구조적 형태를 제시하였던 것인지 모른다.

이상에서 보천이 「삼국유사」에 남긴 나라를 위하여 행해야 할 신앙 행위의 가장 중요한 부분은 화엄 만다라로서의 성격을 지니는 것임을 알았다. 그런데 이 화엄 만다라의 기본 구조는 화엄 사상이 중심을 이루고 있고 여기 중국의 오행 사상과 양부 만다라의 사상이 일부 수용되고 있음을 살필 수 있다. 그리고 신라 화엄 사상의 계열에서 말하면 지장계의 화엄 사상으로써 화엄 밀교의 측면이 강조되고 있는 것이라 하겠다. 그리고 이와 같은 화엄 밀교가 화엄 만다라를 전개시켜 나간 것이라 하여도 무방하다.

신라 사회와 만다라

불국사의 조영

신라인들은 어쩌면 신라 국토 또는 신라 사회를 만다라적인 사고 양식으로 생각하였는지 모른다. 왜냐하면 보천이 남긴 사회 안정을 위하여 제시하였던 만다라적인 사고 양식뿐 아니라 불국사의 창건과 경영, 3산, 5악의 성립과 화엄 10찰의 창건 등은 모두가 이와 무관한 것이 아니라고 생각되기 때문이다. 그리고 이와 같은 만다라적인 사고 양식이 불교가 실제로 사회적인 전개를 보이는 계기를 만들었던 것이 아닌가 한다.

불국사는 경덕왕대의 재상 김대성의 발원에 의하여 창건되었다고 한다. 그리고 김대성은 표훈에게 화엄학을 배워 화엄학을 깊이 이해하고 있었으며 따라서 불국사의 조영 계획은 이같은 김대성의 불교에 대한 이해가 기반이 되었을 것이라 생각하기에 이르렀다. 이렇게 불국사의 조영이 화엄 사상을 배경으로 하고 있었음은 널리 알려진 사실이나 그 가람의 형성이 오대산의 화엄 밀교에서 영향을 받았을 것이란 생각은 아직 하지 못하고 있었다.

「불국사고금창기」는 불국사의 창건 유래를 자세히 적고 그 가람의 규모가 어떤 것이었던가를 상세히 기록하고 있다. 이 기록이 비록 후대의 것이라고는 하지만 1969년에서부터 1973년에 걸쳐 문공부에 의하여 실시되었던 불국사에 대한 발굴 조사와 복원 공사를 통하여 「고금창기」의 기록에 따른 신라시대의 가람 형태가 확인되기에 이른 것이다. 그리하여 오늘날에 복원된 주요 불전은 대웅전, 극락전, 비로전, 무설전, 관음전 등이다. 그런데 「고금창기」에는 여기에 지장전을 첨가하고 있다. 그리고 이들 중요 불전은 다른 불전들과 구분하기 위해 회랑이 둘러져 있다.

이와 같은 불국사 가람의 구성은 너무 속단일지 모르지만 앞서 살핀 오대산의 화엄 만다라와 같다는 생각이 든다. 우선 비로전을 중앙에 설치하고 대웅전, 극락전, 관음전 등을 그 사방에 배치한 발상부터가 그렇다. 「고금창기」에 의하면 지장전도 있었다고 하였으므로 결국 오대산 화엄 만다라의 구조와 꼭 같은 셈이다. 그 밖의 불전으로 문수전, 시왕전 등이 있었다고 하나 시왕전은 지장전에, 문수전은 비로전에 각각 부속된 불전이라 볼 때 하나도 다를 바 없는 오대산의 화엄 만다라와 같은 것이라 하겠다. 그리고 불국사의 회랑이 지니는 의미도 만다라적인 성격의 것으로 이해된다.

현재 복원된 불국사는 「고금창기」에 있는 바와 같은 회랑을 모두 복원하지 않고 있으나 이를 모두 복원한다면 다섯 구역으로 나누어지는 불전을 구획하는 기능을 지니게 된다. 그런데 회랑을 이와 같은 구획의 기능으로 이해한다면 불국사 가람의 만다라적인 성격은 더욱 분명해진다. 왜냐하면 양부 만다라에서 구획이 지니는 의미는 만다라의 구성에 있어 절대적인 의미를 지니기 때문이다. 위에서 '화엄 만다라'라는 명칭을 자주 사용하였으나 이는 화엄 사상을 화엄 밀교의 입장에서 이해할 때 요구되는 신앙 체계이다. 화엄 밀교의 신라 수용은 자장에 의한 것이겠으나 화엄 밀교의 기본 입장은 재래

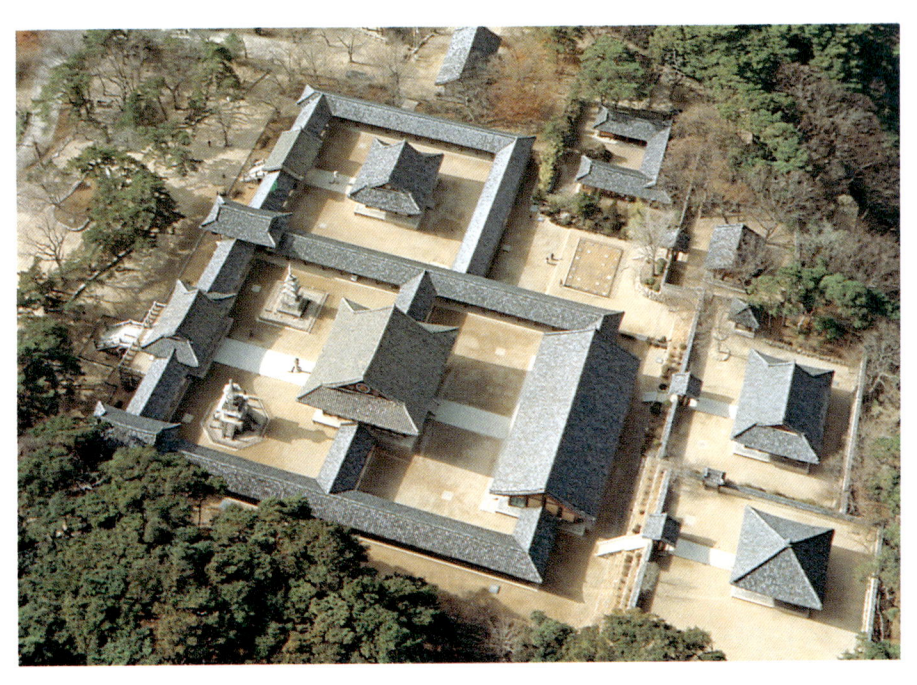

불국사 전경 불국사의 가람 양식은 「화엄경」을 근거로 한 화엄 만다라적 구조를 지니고 있다고 할 수 있다.

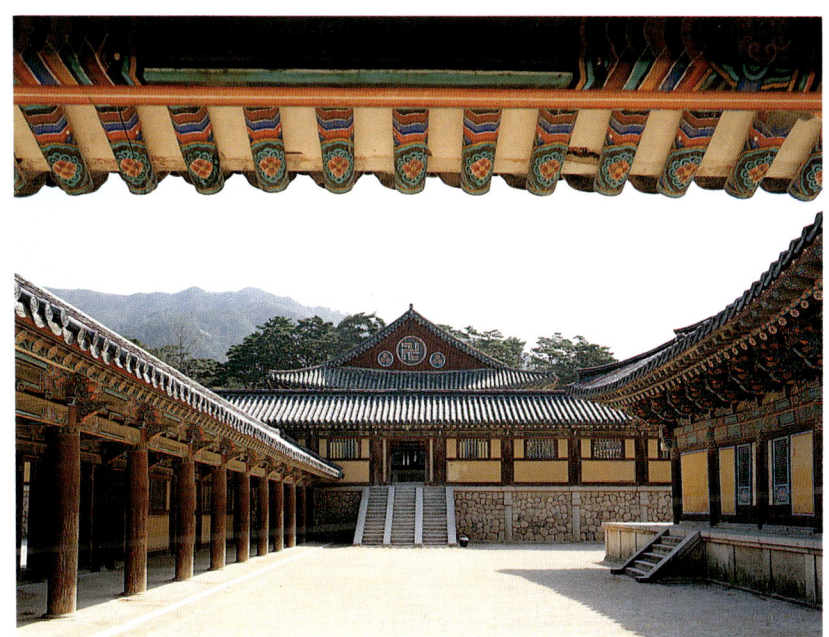

불국사의 회랑 일각 현재 복원된 불국사는 「고금창기」에 있는 바와 같이 회랑을 모두 복원하지 않았으나 이를 모두 복원한다면 불국사 가람의 만다라적 성격이 더욱 분명해진다.

신앙을 수용하는 체계이다. 그리하여 결국 화엄 밀교는 만다라적인 신앙 구조를 지니게 되는 것이다. 보천이 임종 때에 남긴 「신앙 백서」에서 화엄 신중을 염하게 하고 화엄 신중 예참을 행하게 하고 있음은 모두가 화엄 밀교의 신앙 체계에 근거하고 있음을 일러 주는 것이다.

화엄 사상을 화엄 밀교적인 측면에서 이해하려 한다면 다양한 신앙 형태를 통섭한다는 「화엄경」에 의한 비로자나불 사상을 근본으로 삼지만 한편 다양한 신앙 형태의 전개에 관심을 쏟게 된다.

곧 밀교의 발전은 여기에 기인하게 되는 것이다. 그리하여 화엄 밀교는 밀교에 깊은 관심을 갖게 되는 것이다. 「삼국유사」에 의하면,

보천은 항상 그 신령스러운 골짜기의 물을 길어다 마셨으므로 만년에는 육신이 공중을 날아 유사강(流沙江) 밖 울진국 장천굴에 이르러 그곳에 머물러 수구다라니(隨求陀羅尼)를 송하는 것으로써 매일의 과업으로 삼았다. 그 굴신(窟神)이 현신하여 말하기를 내가 굴신한 지 이미 2천 년이 되었으나 오늘 처음으로 수구다라니의 진언을 들었습니다.

하고 있음은 보천이 화엄 교학을 중심 사상으로 삼으면서 밀교적인 수행을 깊이 하고 있었음을 일러 준다. 그런데 이와 같은 사실은 불국사의 경영에도 반영되고 있었음을 잊어서는 안 된다. 왜냐하면 불국사의 가람 양식이 화엄 만다라의 구조를 지니고 있을 뿐 아니라 불국사를 창건하고 처음에 밀교의 대덕을 초청하여 마구니를 항복받고 이 절에 머물렀다는 「삼국유사」의 기록을 주목하기 때문이다. 「삼국유사」는 불국사 창건에 대하여 다음과 같은 두 가지 기록을 남기고 있다. 그 하나는 「향전(鄕傳)」을 인용한 것으로서

乃爲現生二親 創佛國寺 爲前生爺孃創石佛寺 請神琳表訓二聖師各住焉

하고 있음이 그것이요, 다른 하나는 「사중고전(寺中古傳)」을 인용하여 다음과 같이 말하고 있다.

景德王代 大相大城以天寶十年辛卯始創佛國寺 歷惠恭世 以大歷九年甲寅十二月二日大城卒 國家乃畢成之 初請瑜伽大德降魔住此寺

이와 같이 상이한 기록을 「삼국유사」의 찬자(撰者)인 일연도 '흥고전부동 미상집시(興古傳不同 未詳執是)'라 하여 그 판단을 내리기를 어렵게 생각하고 있을 뿐 아니라 이후의 많은 연구자들도 이 대목에 서로 상반된 의견을 내세우고 있다. 그런데 알고 보면 불국사를 창건하여 처음으로 초청하였다는 유가 대덕을 밀교의 승려라 하는 데 그렇게 인색할 필요가 없을 것이다.

'초청유가대덕강귀주차사'란 기사를 놓고 유가 대덕을 항마로 보는 경우와 대현(大賢)으로 보는 경우가 있고 다른 한편 유가 자체를 인명(人名)으로 보는 경우가 있다. 여기 전자는 유가를 교학 내지 종파를 가리킨다는 해석이요 후자는 단순히 인명이란 해석이다. 그리하여 후자의 경우는 불국사가 화엄종의 사찰임을 강조하고 밀교의 사찰임을 부정하려 든다. 전자의 경우는 불국사가 밀교적인 사찰임을 지적하지는 않았으나 결과적으로 밀교 사찰임을 긍정적으로 받아들인 셈이다.

한편 일여이 「삼국유사」에서 「향전」의 기록과 「사중기」 기록이 같지 않아 어느 섯이 옳은지 모르겠다고 한 것은 불국사가 화엄종의 사찰이냐, 밀교의 사찰이냐 한 데 대한 의문은 아니었다.

그런데 알고 보면 이상의 제설은 불국사가 화엄 밀교의 종찰임을 모르는 데서 오는 오류라 할 수 있다. 왜냐하면 불국사를 화엄 밀교의 사찰이라고 한다면 「향전」에서 화엄의 대가인 신림(神琳)과 표훈(表訓)을 초청하였다는 일이나 「사중기」에서 유가(밀교) 대덕을 초청하였다는 것이 조금도 대립적인 사실로 이해되지 않기 때문이다. 다만 같은 화엄 사상에서 어느 측면에 강조점을 두었느냐 하는 데 차이가 있을 따름이다.

앞에서 보천이 남긴 오대산 신앙의 화엄 만다라직 발상이 밀교에 있어 양부 만다라 가운데 금강계 만다라에 속하는 것이라 하였고 불국사의 가람 양식 또한 그러한 것이라 하였다. 만약 그렇다고 한다면 불국사에 유가(밀교) 대덕을 초청하여 마구니를 물리치게 한 사실은 당연한 일이 되는 것이다. 그러나 한편 그렇다고 불국사를 단순한 밀교의 신인종(神印宗)의 사찰로 보는 데도 찬성할 수 없게 된다. 왜냐하면 화엄 밀교란 근본에 있어서는 화엄종에 귀속되기 때문이다.

화엄 밀교란 화엄 사상이 재래 신앙을 수용하는 체계를 말하는 것이나 화엄 사상을 다즉일(多卽一)의 측면에서 보지 않고 일즉다(一卽多)의 입장에서 보면 밀교적 신앙이 강조된다. 화엄 신중 신앙(華嚴神衆信仰)이 그것이다. 그리하여 화엄 사상가는 화엄 사상의 거대한 체계를 중시하기도 하지만 그 체계 속의 화엄 신중 사상(밀교)을 도외시하지는 않는다.

「삼국유사」에서 보천은 화엄 사상을 교학의 중심으로 삼았지만 「수구다라니경」을 송하는 등 밀교적 수행을 게을리하지 않았으며 후인들이 화엄회를 열 때에도 화엄 신중 신앙을 저버려서는 안 된다고 하고 있다. 다만 많은 화엄 사상가 가운데에서도 의상은 화엄 사상의 거대한 체계 자체를 중요시하였지 그 체계에 포함되는 화엄 밀교에 대해서 그렇게 달갑지 않게 생각하고 있었던 것이다. 곧 「삼국유사」에 의하면 의상의 제자들이 밀의행(蜜儀行)을 하는 것을 보고 "세상 사람들이 이것을 보면 괴상히 여길 것이니 세상에는 가르치지 말아야 할 것이다"라고 하였음이 그것을 뒷받침해 준다. 여기서 의상 화엄 사상의 입각지가 어디에 있었던가를 우리는 또한 살필 수 있게 되는 것이다.

불국사를 화엄 밀교의 도량으로 보는 데는 표훈의 밀의행에 의하여서도 알 수 있게 된다. 그러나 한편 표훈을 화엄가라고만 고집한 데서 불국사에 처음 초청된 유가 대덕이 밀교승임을 부정하려는 입장도 있다. 그런데 알고 보면 의상의 제자인 표훈도 '불국사에 살면서 일상 천궁(天宮)에 왕래하였다'는 밀의를 행하였다면 표훈이

화엄 사상가이기도 하였지만 화엄 밀교가이기도 하였음을 잊어서는
안 된다. 그리하여「향전」에 전하는 신림, 표훈은 화엄가이기도 하지
만 화엄 밀교에도 능통하고 있었다고 할 수 있으며「사중기」의 유가
대덕이란 누구인지는 모르지만 화엄 밀교의 대덕이라 봄이 옳을
것이다.

불국사의 가람 양식이 오대산의 화엄 만다라와 같은 신앙 구조를
지니는 것이라 한다면 이는 당연한 것이었는지 모른다. 마치 보천이
오대산 화엄 만다라를 구상하기 전 50여 년 동안이나 밀교의 수행
을 계속하였던 것처럼 불국사의 창건에도 화엄 사상가이면서 밀교
의 수행을 계속하였던 고승 대덕들이 영향을 미쳤을 것이며, 따라서
창건 이후에는 이들 화엄 밀교승이 초청되었을 것이란 것은 그렇게
부자연스러운 일은 아니다.

「삼국유사」에 의하면 유가 대덕으로는

대현(大賢)이 있었다. 그는 자호(自號)를 청구 사문(靑丘沙門)
이라 하였고 경덕왕에 의하여 국사로 봉해진 분이다. 법상종(法相
宗)에 속해 있었다 하였으나 가뭄이 심해「금광경」을 강(講)하여
감우(甘雨)를 빌게 할 때 우선 우물물이 일곱 길이나 솟아나게
하는 밀의를 행하였다.

고 한다. 그런가 하면 그때에 또한 법해(法海)란 고승이 있어「화엄
경」을 강하여 창해를 기울여 동악을 잠기게 하였다고 한다. 이 기록
들은 유식가(唯識家)이든 화엄 사상가이든 모두가 밀의(密儀)를
행하고 있음을 알 수 있으며 한편 이같은 밀의가 사회적으로 크게
요구되고 있었음도 살필 수 있게 된다. 여기 화엄가의 밀의는 화엄
밀교에 의한 것이라 함은 앞에서도 누차 말한 적이 있으나 유가의
밀의에 대해서는 몇 가지 알아야 할 것이 있다.

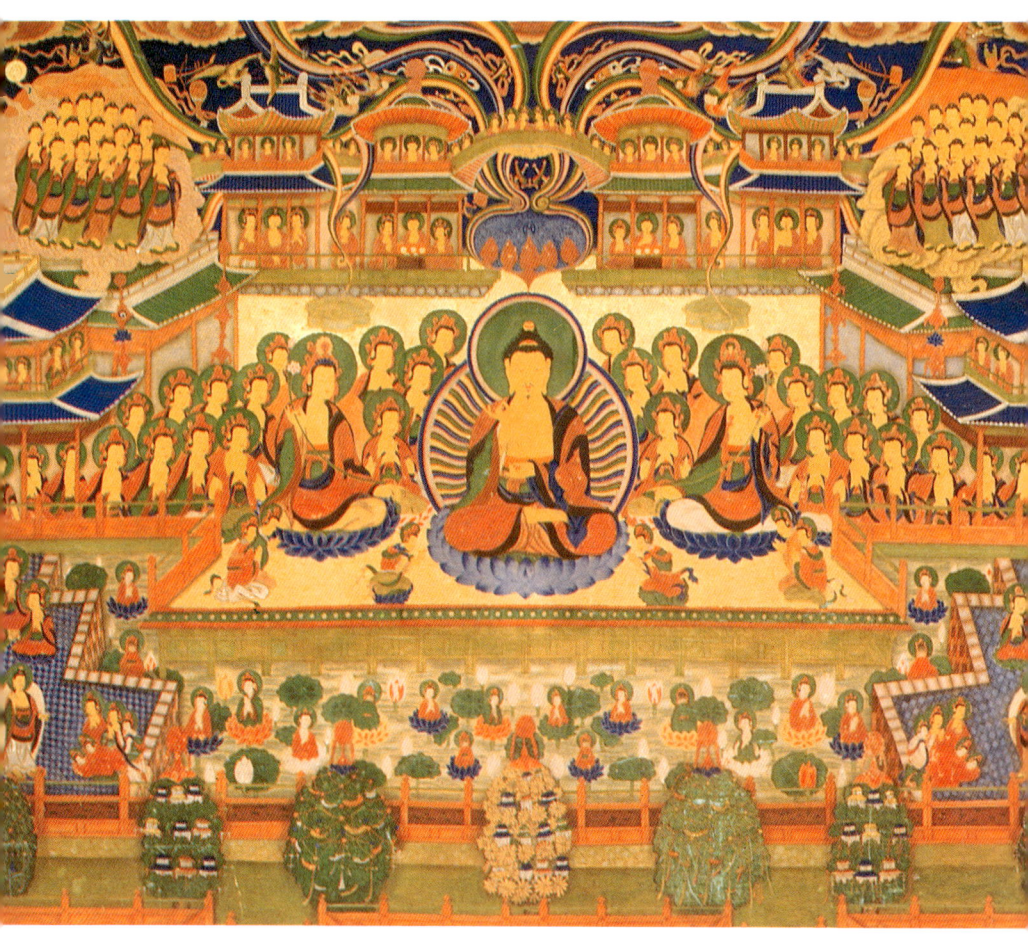

관경변상도 극락의 모습을 그린 극락도로서 중앙에 아미타여래 삼존이 여러 보살과 함께 설법하는 모습을 나타내고 화면 위 왼쪽과 오른쪽에는 시방불이 극락 정토를 내왕하는 모습을 나타냈다. 이 관경변상도는 정토 만다라로서 화엄 만다라와 함께 현교적 만다라에 속한다. 통도사 비로암 소장.

대체적으로 유가 하면 유식 사상을 말하기도 하고 한편 유가 밀교를 가리키기도 한다. 그런데 밀교의 교의가 성립되는 데는 중관 사상과 유가행 유식 사상이 밀교화하여 밀교의 실질을 형성하는 2대 조류가 되었음을 잊어서는 안 된다. 유가 밀교란 이렇게 해서 붙여진 이름이나 여기서 이들 교학의 성립 과정을 일일이 구명할 겨를이 없다. 다만 밀교의 실질을 형성한 2대 조류 가운데 유가행 유식계가 금강계 만다라를 형성하게 하는 바탕이 되었다는 사실을 주목하고 싶은 것이다. 왜냐하면 불국사의 가람 양식이 금강계 만다라 계통의 것이고 그러기에 유가 대덕을 초청하여 마구니를 물리치게 한 것이라 믿어지기 때문이다.

유가행 유식파에서는 불타의 인식으로서 대원경지(大圓鏡智), 묘관찰지(妙觀察智), 평등성지(平等性智), 성소작지(成所作智)의 넷을 말하나 여기 첫째의 대원경지는 경험계를 초월한 인식이며 또한 이와 같은 인식을 근거로 함에 따라 경험 세계를 대상으로 하는 일체지(一切智)의 인식이 일어나게 된다고 한다. 이와 같이 초월적 근거에 바탕한 경험적 인식론적 세계관이 금강계 만다라의 형성에 크게 영향을 미치게 된다는 것이다. 그리고 금강계 만다라는 심오한 지혜의 세계가 무한히 차별을 허락하는 경험 세계를 전개함을 뜻하는 것이라 할 수 있다. 불국사의 경영 사실이 화엄 사상의 사회적 전개였다고 함은 바로 여기서 그 뜻을 찾아볼 수 있게 되는 것이며 그 가람의 양식이 금강계 만다라의 화엄 만다라라는 것도 여기서 그 뜻이 더욱 명확해진다.

이상에서 살핀 불국사의 경영에 전개되어진 신라의 불교 사상을 다시 정리해 보면 다음과 같은 것이라 할 수 있다.

첫째, 불국사의 가람 양식은 오대산 신앙이 화엄 만나라적 구조를 지니는데 이는 밀교에 있어 금강계 만다라 계통의 것이다.

둘째, 불국사가 창건된 뒤 초청된 신림과 표훈은 화엄 사상가였지만 화엄 밀교가이기도 하였으며 유가 대덕은 누구인지 모르지만 화엄 밀교를 유가계의 밀교에 접근시켜 금강계 만다라를 형성하게 하였다. 어떻든 이 양자는 화엄 사상을 바탕으로 밀교 발전에 공헌하게 되었는데 이같은 사상이 불국사 조영에 반영되어졌다. 그렇다면 불국사 가람 양식의 화엄 만다라적 성격은 더욱 뚜렷해진다.

셋째, 화엄 만다라 사상이 경덕왕대에 크게 유행한다는 사실은 우연한 일이 아니다. 곧 보천에 의한 화엄 만다라의 구상과 불국사의 경영은 모두가 경덕왕대의 사실이라 하겠으나 이는 불교 사상(화엄 사상 중심)이 충분히 사회적 전개를 하게 된 것임을 뜻하고 불국사라는 명칭은 그를 대표하고 있는 것이라 할 수 있다.

5악의 성립과 화엄 만다라

신라의 5악이 화엄종과 관계를 맺고 있었음이 사실이라면 또한 화엄 만다라적인 측면에서 생각해 봄직하다. 왜냐하면 5악의 성립이 신라에 새로이 편입되는 어떤 세력을 상징하는 것이었다면 만다라의 성격과 비교가 되기 때문이다.

「삼국사기」 '제사지(祭祀志)'는 신라의 3산, 5악에 대하여 다음과 같이 적고 있다.

大祀三山一奈歷部(習北) 二骨火火郡(切也)三穴禮郡(大城)
中祀五岳 東吐含山郡(大城) 南地理山(菁州) 西雞 龍山州(能川)
北太伯山郡(奈巳) 中父岳坤督郡(一云公山)

그리고 이어 중사(中祀)에는 5악 이외에 4진(四鎭), 4해(四海), 4독(四瀆) 및 표제가 없는 6개의 산, 성(城), 종(鍾)이 있으며 소사(小祀)에는 24개의 산이 있다.

이를 현재의 위치에서 보면 대사(大祀)의 3산은 신라의 서울 금성

(金城)을 중심으로 한 경기도에 위치하고 소사의 제산(諸山)은 신라 영토 안의 곳곳에 흩어져 있으며 이에 대해 중사의 5악과 4진, 4해 등은 신라의 동, 서, 남, 북 4변을 원칙으로 하고 거기에 중이 끼어 있는 것임을 알 수 있다.

그런데 이와 같은 신라인의 산악 숭배는 자연 현상으로서의 산악에 대한 숭배라고 하기보다는 어떤 사상 체계의 깊은 영향 아래에서 이룩된 듯한 느낌을 강하게 갖게 한다. 왜냐하면 산악의 숭배를 대, 중, 소로 나누는 것이나 또는 동, 서, 남, 북, 중의 5방으로 배치하고 있는 것 등이 그렇다. 이를 한편에서 보면 오행 사상과 관련 있는 것처럼 보이나 다른 한편에서 보면 만다라적인 구성과도 관련이 있는 것으로 보인다. 곧 전국의 명산 대천을 대, 중, 소의 계층별로 구분하는 것이나 대를 중심으로 하여 중이 그 4변에 있고 소는 전국에 흩어져 있는 것으로 생각하는 것은 흡사 만다라를 연상케한다. 5악의 성립이 통일 이후의 일이며 또 통일신라의 한 상징적 존재였다고 한다면 더욱 그러한 생각이 짙어진다.

이기백 교수는 "5악으로 편입되는 다섯 산이 신라에 새로 편입되는 어떤 세력을 상징하는 것으로 보였다"고 하고 "이것은 신라가 주위의 여러 국가들을 흡수, 정복해 가는 과정의 산물임을 나타내 준다. 그리고 다른 하나는 신라 영토의 4방과 중을 상징하는 것이 없다는 점이다." 이것은 전자의 다른 한 면인 지리적인 영토의 팽창 과정을 말하여 주는 것이다. 이에 따라서 "셋째는 국방적인 의미가 큰 것이었다는 점이다"라고 하고 있다.

그런데 이와 같은 신라 5악 성립의 이유는 만다라적 구상과 그 궤를 같이한다는 데서 무척 흥미를 끌게 한다. 앞에서도 누누이 말하였지만 만다라란 비로자나불 사상에 의하여 재래 신앙의 양상이 통일되는 것을 상징하는 것이기에 그렇다는 것이다. 그리고 만다라의 구성이 일단 통일의 원리에 의하여 통일되어지면 이전의 존재가 말살되는 것이 아니라 통일 원리와의 관계에서 역시 중요시된다는 뜻에서도 5악의 성립 의미와도 잘 부합된다.

이와 같은 생각은 지나친 감이 없는 것은 아니나 5악의 성립이 통일 이후의 일이며 이것이 새로이 편입되는 어떤 세력을 상징하는 것이었다면 여기에는 분명히 어떤 통일 사상의 체계가 작용하였을 것으로 믿어지며 더구나 5악이 통일기에 있어서 신라의 국가적 진호(鎭護)라는 뜻을 지니고 있었으며 한편 화엄종과 깊은 관계를 맺고 있었다면 더욱 그러한 생각이 짙어진다. 말하자면 통일 이후의 신라에는 화엄 사상이 크게 융성하며 한편으로는 신라의 전제 왕권과 연결되면서 다른 한편으로는 5악의 숭배, 오대산 신앙, 불국사의 경영 등으로 사회적인 전개를 보이게 되었던 것이라 하겠다. 이렇게 사회적인 전개를 보이기 시작한 화엄 사상은 다름아닌 화엄 밀교이며, 화엄 밀교의 전개가 결과적으로 신라에 있어 화엄 만다라를 형성하기에 이르렀다는 것이다.

화엄 밀교가 신라에 수용된 것은 통일 전 자장에 의해서지만 통일 이후 이는 전국의 재래 신앙 대상을 화엄 밀교의 체계에 수용하려는 경향이 짙어졌다. 5악의 성립은 전국의 산신을 화엄 밀교의 체계에 수용하였고, 오대산 신앙은 오대산 5봉의 재래 산신 신앙을 화엄 밀교의 체계에 수용하였으며, 이윽고 이와 같은 신앙의 경향을 경덕 왕대에 융성하였던 조형 기술의 힘을 빌어 조형화한 것이 불국사라 할 수 있다.

신라 사회와 만다라

만다라는 대승 불교가 민중 구제의 종교로 전개되면서 민중 계층을 포섭한 통일의 원리라 할 수 있다. 왜냐하면 만다라는 재래 토속 신앙을 불교적으로 포섭하는 신앙 체계이지만 재래 신앙을 포섭한다고 함은 곧 민중층을 포섭하는 결과가 되기 때문이다.

신라 5악의 성립은 그를 대표하고 있는 것으로 생각된다. 곧 「삼국사기」 '제사지'에 기재된 5악의 기사는 일단의 산신에 대한 제사를 전하여 주고 있지만 이들 5악이 한편 어떤 지방의 정치 세력과 연관을 맺고 있었다고 한다면 당시 사회에 있어 통일적 원리를 갖는 신앙의 체계는 단순히 종교적인 의미뿐 아니라 사회적, 정치적 의미도 아울러 지니고 있었던 것이라 생각된다.

만다라의 일차적 의미는 종교적인 신앙 체계이다. 그러나 이와 같은 신앙 체계는 보천이 "후래산중소행보익방가기사운(後來山中所行輔益邦家己事云)"이라 하여 나라를 도울 행사라 하고 있는 것처럼 국가, 사회적으로 크게 응용이 되었을 가능성은 충분히 인정되는 것이다. 신라 문화의 전통이 보수적인 성격을 강하게 지니고 있었고 또한 만다라적인 발상이 통일 이후부터 경덕왕대에 걸쳐 더욱 사회적인 필요성을 느끼고 있었다면 만다라가 지니는 사회적인 의미는 종교계뿐 아니라 정치, 사회, 문화 등 각 방면에 걸쳐 널리 영향을 미치고 있었던 것으로 생각된다. 3산 5악의 성립 경위를 만다라적인 측면에서 보면 더욱 그렇게 생각된다. 5악의 성립이 만다라적인 발상과 관계가 있다고 함은 보천이 오대산의 만다라를 구상하면서 오대산은 백두산의 큰 줄기임을 강조하고 있음에서도 그 연관성을 살필 수 있게 된다.

우리는 흔히 통일신라가 통일의 사상적 원리를 화엄 사상에서 구하였다고 쉽게 이야기를 한다. 그러나 그 구체상이 어떤 것이냐 하였을 때는 보다 자세한 사실을 들어 설명할 수 없게 된다. 그런데 이같은 과제는 화엄 만다라를 이해함에 의하여 풀릴 수 있다는 것이 이 글에서 얻은 결론이다. 5악의 성립에서 불국사의 조영에 이르는 문화 작용은 그 결론을 일러 주고 있는 셈이다.

만다라의 정치적, 사회적 의미는 다양한 정치 세력의 적재 적소에 의한 안배와 그 통일이란 의미를 지니고, 만다라의 문화적 의미는 전통 문화의 체계적 수용이란 의미를 지닌다. 그리고 궁극적으로는 문화의 총역량을 확대시켜 나간다. 그러나 만다라에서 중요한 것은 통일의 체계인데 이를 망각할 때는 아무런 의미가 없고 오히려 혼란만 조장하게 된다. 자장계의 화엄 사상을 대신하여 의상계의 화엄 사상이 새로이 부상하게 됨은 체계성을 잃어가는 화엄 만다라적

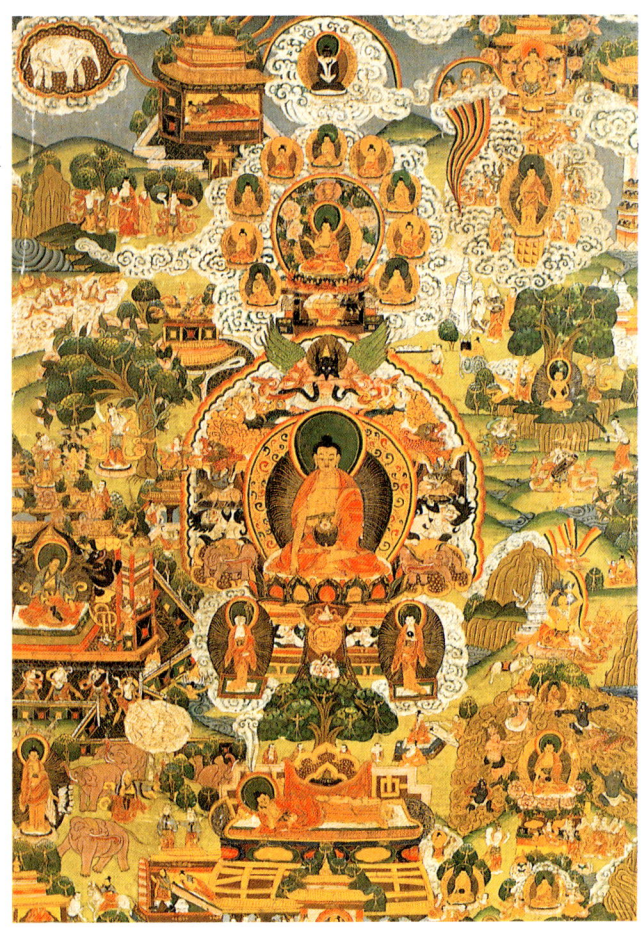

티베트 만다라　중앙에는 아미타불을 중심으로 하고 하단에는 전생도, 상단에는 천상 세계를 표현하였다. 17세기. 미국 샌프란시스코 한국인 소장. 94×61센티미터.

구조에 다시 체계를 불어넣으려는 문화 운동이었다고 한 데서 의미를 찾지 않으면 안 된다.

신라 화엄 만다라의 성격

이 글에서는 신라에 있어 화엄 사상의 사회적 전개는 화엄 만다라적 성격을 지니는 것임을 살펴보았다. 이에 의하면 그 구체적 사실로서 5악의 성립과 오대산 신앙의 형성, 불국사의 조영 등이 있었음을 알 수 있었다.

이와 같은 화엄 만다라가 신라 사회에 있어 지니는 의미는 일차적으로는 다양한 신앙 양상을 통일하는 체계를 갖게 하였던 것이라 할 수 있으나 이차적으로는 이와 같은 종교적인 신앙 체계가 하나의 문화 양상으로서의 성격을 지니게 되어 신라 사회 전반에 걸쳐 많은 영향을 미칠 수 있었던 것으로 생각된다. 곧 정치적, 사회적으로는 다양한 정치 세력을 포섭하는 원리로서, 문화적으로는 전통 문화의 다양한 양상들을 포용하는 체계로서 응용되어졌냐는 것이다. 그리고 궁극적으로는 이렇게 신라 사회에 만다라적 사고 양상이 널리 유통됨에 따라 신라의 문화는 그 총역량의 폭을 보다 넓게 할 수 있었던 것으로 믿어진다.

그러나 한편 화엄 만다라가 지니는 체계적인 통일성이란 의미가 상실되고 다양한 요소들이 난립하는 양상을 지니게 되면서 혼란이 야기되었음도 아울러 생각해야 한다. 자장계의 화엄 밀교를 대신하여 의상계의 화엄 사상이 다시 부상하게 된 것은 화엄 사상의 근본에 다시 한번 접근하여 화엄 사상이 지니는 통일의 원리를 재인식하려는 경향을 지니는 것이었다고 생각된다.

만다라의 현대적 의미

    밀교에서는 득오의 경지를 즉신성불이라 하여 인간이 살아 있는 그대로 부처가 될 수 있다고 설한다. 이는 우주의 구석구석에 존재하는 모든 사물에 생명의 존속을 인식하고 있는 것이라 할 수 있다. 이를 다른 말로 바꾸어 말하면 인간이 죽은 뒤에도 대자연 속에 몰입하여 융합함을 일러 주고 있는 것이다. 그런데 이와 같은 마음가짐을 지닌다는 것은 때에 따라서는 천체에 빛나는 성좌들과 함께할 수 있고 숲속의 나무들과도 같이할 수 있어 일정한 것이 아니다. 곧 우주의 생명 그 자체를 부처라고 하는 형상으로 수없이 수용하고 있는 곳에 밀교의 특징이 있고 그 표현 방법은 지극히 상징적인 것이다. 참으로 눈에 보이는 것은 모두가 신체와 말과 마음의 활동이 우주 생명의 활동에 그대로 반영되어 있다고 믿는 것이다.

    이상과 같은 밀교적 만다라의 신앙 체계를 오늘날의 현실에 비추어 보면 우리들은 너무나도 인공적 환경에 익숙해져 자연의 성질, 자연이 갖는 힘에 무지해지고 맹목적으로 되어 이해의 발길이 미치지 못하고 있음이 사실이다. 곧 자연의 리듬에 인간 생활을 조화시키는 것이 아니라 인공의 법칙에 자연이 따르게 하는 역리 현상마저

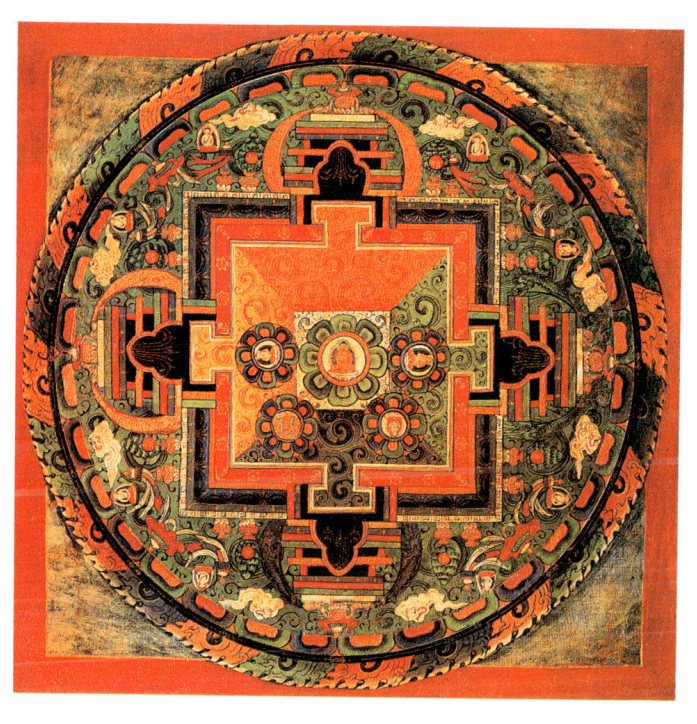

3삼매야장엄모니(三三昧耶莊嚴牟尼) 5존 만다라　중존은 3삼매야장엄모니로서 곧
신구의(身口意)가 평등한 지자(智者) 또는 석가모니불이라 할 수 있다.

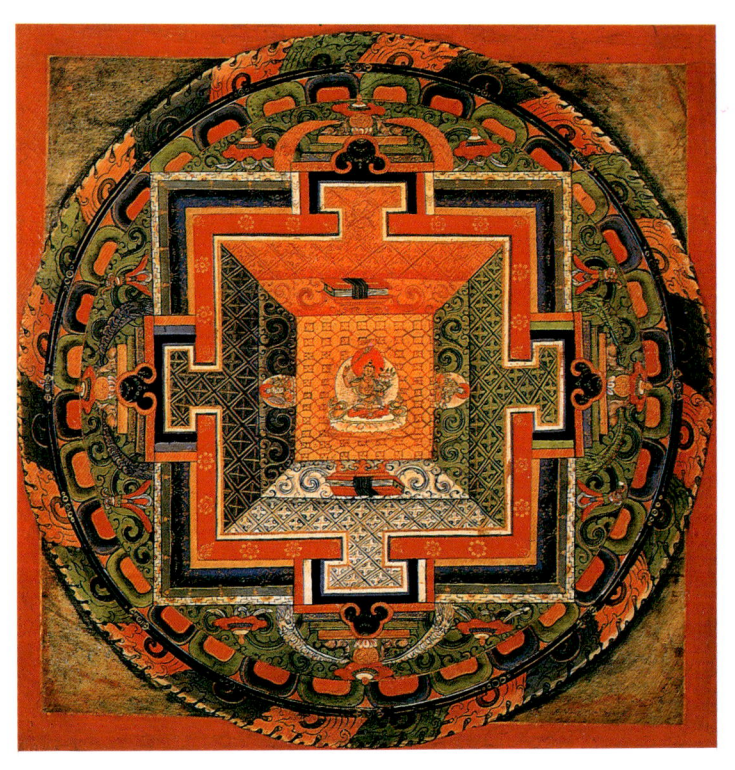

초선(初善) 3존 만다라 중존은 문수보살이다. 남방에는 관자재보살, 북방에는 금강수
보살이 있으며 동, 서방에는「반야경」책이 그려져 있다.

생겨나고 있다. 그런가 하면 오늘의 우리들은 하나밖에 없는 지구를 되살려야 한다고 몸부림치고 있다. 여기 만다라 정신에 의한 환경 보존의 법칙을 우리는 새삼 인식할 필요가 있다고 생각한다.

다른 한편 오늘날의 우리 사회는 지나친 이기주의에 흘러 인간 사회의 조화적 발전을 저해하고 있을 뿐 아니라 급기야는 질서 사회가 심각한 도전을 받고 있다. 여기에도 만다라의 정신을 도입할 필요를 느끼게 한다. 왜냐하면 만다라적 원리는 다원적 역할 분담과 원심력, 구심력의 발현에 의하여 조화적 전체상을 유감없이 구현하고자 하는 데서 그 힘을 찾을 수 있게 되기 때문이다. 곧 우주에 대한 직관적 예지와 대상에 대한 전체적인 조감이 오늘의 모순을 극복하고 미래의 바람직한 문화를 꽃피우게 할 수 있으리라 믿기 때문이다.

참고 문헌

「造像經」

「新修大藏經」圖像部.

「マンダラ—西チベツト佛教壁畫の宇宙」西武美術館.

「奈良國立博物館名品圖錄」同朋舍出版, 1980.

石田尙豊「曼茶羅のみかた—パターン認識」岩波書店, 1991.

_____「兩界曼茶羅の智慧」東京美術, 1988.

眞鍋俊照 「曼茶羅の世界」

賴富本廣 「マンダラのほとけたち」

吉村怜 「中國佛教圖像の研究」

金岡秀友 「密教の哲學」平樂寺書店, 1965.

홍윤식 '만다라의 뜻과 유형'「만다라대전」중앙일보.

_____ '신라사회와 만다라'「삼국유사와 한국고대문화」

_____ 「불화」대원사, 1990.

빛깔있는 책들 103-29

만다라

| 글 | ―홍윤식 |
| 사진 | ―홍윤식, 윤열수 |

| 발행인 | ―장세우 |
| 발행처 | ―주식회사 대원사 |

주간	―박찬중
편집	―김한주, 신현희, 조은정, 황인원
미술	―윤봉희
전산사식	―육세림, 이규헌

첫판 1쇄 ―1992년 12월 15일 발행
첫판 6쇄 ―2004년 4월 30일 발행

주식회사 대원사
우편번호/140-901
서울 용산구 후암동 358-17
전화번호/(02) 757-6717~9
팩시밀리/(02) 775-8043
등록번호/제 3-191호
http://www.daewonsa.co.kr

값 13,000원

Daewonsa Publishing Co., Ltd.
Printed in Korea(1992)

ISBN 89-369-0135-4 00220

빛깔있는 책들

건강 식품(분류번호:202)

즐거운 생활(분류번호:203)

건강 생활(분류번호:204)

한국의 자연(분류번호:301)

미술 일반(분류번호:401)

역사(분류번호:501)